CÓMO ENTENDER EL CONCEPTO DEL

HOMBRE

Y EL

PECADO

UNA DE LAS SIETE PARTES DE LA *TEOLOGÍA SISTEMÁTICA* DE GRUDEM

CÓMO ENTENDER EL CONCEPTO DEL

HOMBRE

Y EL

PECADO

UNA DE LAS SIETE PARTES DE LA *TEOLOGÍA SISTEMÁTICA* DE GRUDEM

WAYNE GRUDEM

La misión de Editorial Vida es ser la compañía líder en satisfacer las necesidades de las personas con recursos cuyo contenido glorifique al Señor Jesucristo y promueva principios bíblicos.

CÓMO ENTENDER EL CONCEPTO DEL HOMBRE Y EL PECADO
Edición en español publicada por
Editorial Vida — 2013
Miami, Florida

Publicado previamente en el libro *Teología Sistemática*

Originally published in the USA under the title:
Systematic Theology: an Introduction to Biblical Doctrine
Copyright © 1994 by Wayne Grudem
Published by permission of Zondervan, Grand Rapids, Michigan 49530 and Inter-Varsity Press, Gran Bretaña

Editora en jefe: *Graciela Lelli*
Diseño interior: *Rojas & Rojas Editores, Inc*
Adaptación de diseño interior y notas: *S.E. Telee*

ISBN: 978-0-8297-6494-9

CATEGORÍA: *Teología cristiana / General*

CONTENIDO

PREFACIO

No he escrito este libro para otros profesores de teología (aunque espero que muchos de ellos lo lean). Lo he escrito para estudiantes; y no solo para estudiantes, sino también para todo creyente que tenga hambre de conocer las doctrinas centrales de la Biblia con mayor profundidad.

He tratado de hacerlo comprensible incluso para creyentes que nunca antes han estudiado teología. He evitado usar términos técnicos sin primero explicarlos. La mayoría de los capítulos se pueden leer de manera independiente, de modo que cualquiera puede empezar en cualquier capítulo y comprenderlo sin tener que leer el material previo.

Los estudios introductorios no tienen que ser superficiales ni simplistas. Estoy convencido de que la mayoría de los creyentes pueden comprender las enseñanzas doctrinales de la Biblia con profundidad, siempre y cuando se las presenten en forma clara y sin usar lenguaje altamente técnico. Por consiguiente, no he vacilado en hablar con algún detalle de disputas teológicas en donde me ha parecido necesario.

Sin embargo, este libro es con todo una *introducción* a la teología sistemática. Se han escrito volúmenes enteros sobre los temas que se cubren en cada capítulo de este tomo, y se han escrito artículos enteros sobre muchos de los versículos que se citan en este libro. Por consiguiente, cada capítulo puede abrirse con el fin de obtener un estudio adicional con mayor amplitud y mayor profundidad para los que se interesen. Las bibliografías al final de cada capítulo darán alguna ayuda en esa dirección.

Los siguientes seis rasgos distintivos de este libro brotan de mis convicciones en cuanto a lo que es la teología sistemática y cómo se debe enseñar:

1. Una base bíblica clara para las doctrinas. Debido a que estoy convencido que la teología debe basarse explícitamente en las enseñanzas de la Biblia, en cada capítulo he intentado señalar cuándo la Biblia respalda las doctrinas que se están considerando. Es más, debido a que creo que las palabras de las Escrituras en sí mismas tienen mayor peso y autoridad que cualquier palabra humana, no menciono simplemente referencias bíblicas; frecuentemente he *citado* pasajes bíblicos extensos para que los lectores puedan examinar fácilmente por sí mismos la evidencia bíblica y de esa manera ser como los nobles bereanos, quienes «con toda avidez y todos los días examinaban las Escrituras para ver si era verdad lo que se les anunciaba» (Hch 17:11). Esta convicción en cuanto a la naturaleza singular de la Biblia como palabra de Dios también ha llevado a la inclusión de pasajes bíblicos para memorizar al final de cada capítulo.

2. Claridad en la explicación de las doctrinas. No creo que Dios quisiera que el estudio de la teología resultara en confusión y frustración. El estudiante que sale de un curso de teología lleno solo con incertidumbre doctrinal y mil preguntas sin contestación pienso que difícilmente «pueda exhortar a otros con la sana doctrina y refutar a los que se opongan» (Tit 1:9). Por consiguiente, he tratado de indicar la posición doctrinal de este libro claramente y mostrar en qué lugar de la Biblia hallo evidencia convincente para estas posiciones. No espero que todo el que lea este libro concuerde conmigo en todo punto de doctrina; pero sí pienso que todo lector entenderá las posiciones que propongo y en qué lugar de la Biblia se puede hallar respaldo para esas posiciones.

Esto no quiere decir que paso por alto otros puntos de vista. En donde hay diferencias doctrinales dentro del cristianismo evangélico he tratado de presentar con justicia otras posiciones, explicar por qué discrepo de ellas, y dar referencias de las mejores defensas disponibles para las posiciones opuestas (si no he logrado presentar acertadamente un punto de vista opuesto apreciaría una carta de cualquiera que sostenga ese punto de vista, e intentaré hacer correcciones si se publica una edición subsecuente de este libro).

3. Aplicación a la vida. No creo que Dios quisiera que el estudio de teología fuera tedioso y aburrido. ¡La teología es el estudio de Dios y todas sus obras! ¡La teología tiene el propósito de que uno la *viva* y la *eleve en oración* y la *cante!* Todos los grandes escritos doctrinales de la Biblia (como la epístola de Pablo a los Romanos) están llenos de alabanzas a Dios y aplicación personal a la vida. Por esta razón he incorporado notas de aplicación de tiempo en tiempo en el texto, y añadido «Preguntas para aplicación personal» al final de cada capítulo, todo relacionado con el tema del mismo. La verdadera teología es «doctrina que es conforme a la piedad» (1 Ti 6:3, RVR 1960), y la teología, cuando se estudia apropiadamente, conducirá a crecimiento en nuestras vidas cristianas y a la adoración.

4. Enfoque en el mundo evangélico. No pienso que un verdadero sistema de teología se pueda construir desde lo que podríamos llamar la tradición teológica «liberal», es decir, de personas que niegan la absoluta veracidad de la Biblia, o que piensan que las palabras de la Biblia no son exactamente palabras de Dios. Por esta razón, los otros escritores con quienes dialogo en este libro están en su mayoría dentro de lo que hoy se llama la tradición «evangélica conservadora» más amplia; desde los grandes reformadores Juan Calvino y Martín Lutero hasta los escritos de los eruditos evangélicos de hoy. Escribo como evangélico y para evangélicos. Esto no quiere decir que los que siguen la tradición liberal no tengan nada valioso que decir; sino que las diferencias con ellos casi siempre se reducen a diferencias en cuanto a la naturaleza de la Biblia y su autoridad. La cantidad de acuerdo doctrinal que se puede lograr con personas que tienen bases ampliamente divergentes de autoridad es muy limitada. Claro, los profesores pueden siempre asignar lecturas adicionales de teólogos liberales de interés actual, y estoy agradecido por mis amigos evangélicos que escriben críticas extensas de la teología liberal. Pero no pienso que todos están llamados a hacer eso, ni que un análisis extenso de nociones liberales sea la manera más útil de edificar un sistema positivo de teología basado en la total veracidad de toda la Biblia. De hecho, de alguna manera como el niño del cuento de Hans Christian Andersen que gritaba:

«¡El emperador no lleva ropa!», pienso que alguien necesita decir que es dudoso que los teólogos liberales nos hayan dado alguna noción significativa de las enseñanzas doctrinales de la Biblia que no se halle ya en los escritores evangélicos.

No siempre se aprecia que el mundo de la erudición evangélica conservadora es tan rico y diverso que permite una amplia oportunidad para la exploración de diferentes puntos de vista y nociones de la Biblia. Pienso que a la larga logramos mucho más profundidad de comprensión de la Biblia cuando podemos estudiarla en compañía de un gran número de eruditos que parten de la convicción de que esta es completamente veraz y absolutamente autoritativa.

5. Esperanza de progreso en la unidad doctrinal en la iglesia. Creo que todavía hay mucha esperanza de que la iglesia logre una comprensión doctrinal más honda y más pura, y que supere viejas barreras, incluso las que han persistido por siglos. Jesús está obrando en perfeccionar su iglesia «para presentársela a sí mismo como una iglesia radiante, sin mancha ni arruga ni ninguna otra imperfección, sino santa e intachable» (Ef 5:27), y ha dado dones para equipar a la iglesia, y «de este modo, todos llegaremos a la unidad de la fe y del conocimiento del Hijo de Dios» (Ef 4:13). Aunque la historia pasada de la iglesia puede desalentarnos, estos pasajes bíblicos siguen siendo ciertos, y no debemos abandonar la esperanza de un acuerdo mayor. Es más, en este siglo ya hemos visto una comprensión mucho mayor y algún acuerdo doctrinal mayor entre los teólogos del pacto y dispensacionalistas, y entre carismáticos y no carismáticos; todavía más, pienso que la comprensión de la iglesia respecto a la inerrancia bíblica y los dones del Espíritu también ha aumentado significativamente en las últimas décadas. Creo que el debate presente sobre los apropiados papeles del hombre y la mujer en el matrimonio y en la iglesia a la larga resultará igualmente en una comprensión mucho mayor de la enseñanza bíblica, por dolorosa que la controversia pueda ser al presente. Por consiguiente, en este libro no he vacilado en levantar de nuevo algunas de las viejas diferencias, en relación con determinados temas con la esperanza de que, por lo menos en algunos casos, un vistazo fresco a la Biblia pueda provocar un nuevo examen de estas doctrinas y tal vez pueda impulsar algún movimiento no solo hacia una mayor comprensión y tolerancia de otros puntos de vista, sino incluso a un consenso doctrinal mucho mayor en la iglesia.

6. Un sentido de la urgente necesidad de una mayor comprensión doctrinal en toda la iglesia. Estoy convencido de que hay una necesidad urgente en la iglesia cristiana hoy de una mayor comprensión de la doctrina cristiana, o teología sistemática. No solo los pastores y maestros necesitan entender la teología con mayor profundidad, sino que *la iglesia entera* lo necesita también. Un día, por la gracia de Dios, quizá podamos tener iglesias llenas de creyentes que pueden debatir, aplicar y *vivir* las enseñanzas doctrinales de la Biblia con tanta facilidad como hablan de los detalles de sus trabajos o pasatiempos o la suerte de su equipo favorito de deportes o programa de televisión. No es que los creyentes carezcan de *capacidad* para entender la doctrina; es simplemente que deben tener acceso a ella en una forma comprensible. Una vez que eso tenga lugar, pienso que muchos creyentes hallarán que comprender (y vivir) las doctrinas de la Biblia es una de sus mayores alegrías.

Den gracias al Señor, porque él es bueno; su gran amor perdura para siempre.
(Sal 118:29)

La gloria, Señor, no es para nosotros; no es para nosotros sino para tu nombre.
(Sal 115:1)

Wayne Grudem
Trinity Evangelical Divinity School
2065 Half Day Road
Deerfield, Illinois 60015

ABREVIATURAS

BAGD	*A Greek-English Lexicon of the New Testament and Other Early Christian Literature*. Ed. Walter Bauer. Rev. y trans. Wm. Arndt, F. W. Gingrich, y F. Danker. University of Chicago Press, Chicago, 1979.
Biblia	*Cómo entender la Biblia. Una de las siete partes de la Teología Sistemática de Grudem*. Wayne Grudem, ed. Vida, Miami, 2012.
cf.	compare.
Cristo y Espíritu	*Cómo entender a Cristo y al Espíritu. Una de las siete partes de la Teología Sistemática de Grudem*. Wayne Grudem, ed. Vida, Miami, 2012.
EBC	Expositor's Bible Commentary, Frank E. Gaebelein, ed. Zondervan, Grand Rapids, 1976.
ed.	editor, edición.
EDT	*Evangelical Dictionary of Theology*. Walter Elwell, ed. Baker, Grand Rapids, 1984.
et al.	y otros.
Futuro	*Cómo entender el futuro. Una de las siete partes de la Teología Sistemática de Grudem*. Wayne Grudem, ed. Vida, Miami, 2012.
IBD	*The Illustrated Bible Dictionary*. Ed. J. D. Douglas, et al. 3 tomos. Intervarsity Press, Leicester, y Tyndale House, 1980.
Iglesia	*Cómo entender la iglesia: una de las siete partes de la Teología Sistemática de Grudem*. Wayne Grudem, ed. Vida, Miami, 2013.
KJV	Versión King James (Versión inglesa autorizada).
LSJ	*A Greek-English Lexicon*, novena edición. Henry Liddell, Robert Scott, H. S. Jones, R. McKenzie. Clarendon Press, Oxford, 1940
LBLA	La Biblia de las Américas.
LXX	Septuaginta.
n.	nota.
n.f.	no dice la fecha de publicación.
n.l.	no dice el lugar de publicación.
NASB	New American Standard Bible.
NDT	*New Dictionary of Theology*. S. B. Ferguson, D. F. Wright, J. I. Packer, editores. Intervarsity Press, Downers Grove, Ill., 1988.
NIDCC	*New International Dictionary of the Christian Church*. Ed. J. D. Douglas et al. Zondervan, Grand Rapids, 1974.
NIDCC	*New International Dictionary of New Testament Theology*. 3 tomos. Colin Brown, gen. ed. Zondervan, Grand Rapids, 1975-78.

NVI	Nueva Versión Internacional.
Quién es Dios	*Cómo entender quién es Dios. Una de las siete partes de la Teología Sistemática de Grudem.* Wayne Grudem, ed. Vida, Miami, 2012.
rev.	revisada.
RVR 1960	Versión Reina Valera, revisión de 1960.
Salvación	*Cómo entender la salvación. Una de las siete partes de la Teología Sistemática de Grudem.* Wayne Grudem, ed. Vida, Miami, 2013.
TOTC	Tyndale Old Testament Commentaries.
trad.	traducido por.
TrinJ	*Trinity Journal.*
VP	Versión Popular (*Dios Habla Hoy*).
WTJ	*Westminster Theological Journal.*

Capítulo 1

INTRODUCCIÓN A LA TEOLOGÍA SISTEMÁTICA

¿Qué es teología sistemática?
¿Por qué los creyentes deben estudiarla?
¿Cómo debemos estudiarla?

EXPLICACIÓN Y BASE BÍBLICA

A. Definición de teología sistemática

¿Qué es teología sistemática? Se han dado muchas definiciones diferentes, pero para los propósitos de este libro se usará la siguiente definición: *teología sistemática es cualquier estudio que responde a la pregunta «¿Qué nos enseña toda la Biblia hoy?» respecto a algún tema dado.*[1]

Esta definición indica que la teología sistemática incluye la recolección y comprensión de todos los pasajes relevantes de la Biblia sobre varios temas y luego un resumen claro de sus enseñanzas de modo que sepamos qué creer en cuanto a cada tema.

1. Relación con otras disciplinas. El énfasis de este libro no estará, por consiguiente, en la *teología histórica* (el estudio histórico de cómo los cristianos en diferentes períodos han entendido los varios temas teológicos) ni en la *teología filosófica* (el estudio de temas teológicos principalmente sin el uso de la Biblia, sino usando las herramientas y métodos del razonamiento filosófico y lo que se puede saber en cuanto a Dios al observar el universo) ni *apologética* (la provisión de una defensa de la veracidad de la fe cristiana con el propósito de convencer a los que no creen). Estos tres asuntos, aunque son temas dignos de que

---

[1] Esta definición de teología sistemática la tomo del profesor John Frame, ahora en el Westminster Seminary de Escondido, California, bajo quien tuve el privilegio de estudiar de 1971 a 1973 (en el Seminario Westminster, Filadelfia). Aunque es imposible reconocer mi deuda con él en todo punto, es apropiado expresar mi gratitud a él a este respecto, y decir que probablemente ha influido en mi pensamiento teológico más que cualquier otra persona, especialmente en los asuntos cruciales de la naturaleza de la teología sistemática y la doctrina de la palabra de Dios. Muchos de sus exalumnos reconocerán ecos de sus enseñanzas en las páginas que siguen, especialmente en esos dos asuntos.

los creyentes los estudien, a veces se incluyen en una definición más amplia del término *teología sistemática*. De hecho, algo de consideración de asuntos históricos, filosóficos y apologéticos se halla en algunos puntos en todo este libro. Esto se debe a que el estudio histórico nos informa de los conceptos adquiridos y las equivocaciones previamente cometidas por otros al entender la Biblia; el estudio filosófico nos ayuda a entender el bien y el mal mediante formas comunes en nuestra cultura y otras; y el estudio de la apologética nos ayuda a llegar al punto en que las enseñanzas de la Biblia afectan las objeciones que suscitan los que no creen. Pero esos aspectos de estudio no son el enfoque de esta obra, que más bien interactúa directamente con el texto bíblico a fin de entender lo que la Biblia misma nos dice respecto a varios temas teológicos.

Si alguien prefiere usar el término *teología sistemática* en el sentido más amplio que acabo de mencionar en lugar del sentido acotado que se ha definido arriba, no habrá mucha diferencia.[2] Los que usan una definición más estrecha concordarán en que estos otros aspectos de estudio definitivamente contribuyen de una manera positiva a nuestra comprensión de la teología sistemática, y los que usan una definición más amplia desde luego concordarán en que la teología histórica, la teología filosófica y la apologética se pueden distinguir del proceso de recoger y sintetizar todos los pasajes relevantes de la Biblia sobre varios temas. Además, aunque los estudios históricos y filosóficos en efecto contribuyen a nuestra comprensión de las cuestiones teológicas, solo la Biblia tiene la autoridad final para definir qué debemos creer,[3] y es, por consiguiente, apropiado dedicar algún tiempo a enfocar el proceso de analizar la enseñanza de la Biblia misma.

La teología sistemática, según la hemos definido, también difiere de la teología del Antiguo Testamento, la teología del Nuevo Testamento y la teología bíblica. Estas tres disciplinas organizan sus temas históricamente y en el orden en que los temas están presentados en la Biblia. Por consiguiente, en la teología del Antiguo Testamento uno pudiera preguntar: «¿Qué enseña Deuteronomio sobre la oración?» o «¿Qué enseña Salmos en cuanto a la oración?» o «¿Qué enseña Isaías en cuanto a la oración?» o incluso, «¿Qué enseña todo el Antiguo Testamento en cuanto a la oración, y cómo se desarrolla esa enseñanza en la historia del Antiguo Testamento?». En la teología del Nuevo Testamento uno pudiera preguntar: «¿Qué enseña el Evangelio de Juan sobre la oración?» o «¿Qué enseña Pablo en cuanto a la oración?» o incluso «¿Qué enseña el Nuevo Testamento en cuanto a la oración y cuál es el desarrollo histórico de esa enseñanza conforme progresa a través del Nuevo Testamento?».

«Teología bíblica» tiene un significado técnico en los estudios teológicos. Es la categoría más amplia que contiene la teología del Antiguo Testamento y la teología del Nuevo Testamento, según las hemos definido arriba. La teología bíblica da atención especial a las enseñanzas de *autores individuales y secciones* de la Biblia, y el lugar de cada enseñanza en el *desarrollo histórico* de la Biblia.[4] Así que uno pudiera preguntar: «¿Cuál es

---

[2]Gordon Lewis y Bruce Demarest han acuñado una nueva frase: «teología integradora», para referirse a la teología sistemática en ese más amplio sentido; véase su excelente obra en tres volúmenes, *Integrative Theology* (Zondervan, Grand Rapids, 1987-94). En cada doctrina ellos analizan alternativas históricas y pasajes bíblicos pertinentes, dan un sumario coherente de la doctrina, responden a objeciones filosóficas y dan aplicación práctica.

[3]Charles Hodge dice: «The Scriptures contain all the Facts of Theology [Las Escrituras contienen todos los datos de la teología]» (subtítulo de sección en *Systematic Theology*, 1:15). Arguye que las ideas que se adquieren por intuición, observación o experiencia son válidas en teología solo si cuentan con respaldo de la enseñanza de la Biblia.

[4]El término «teología bíblica» puede parecer natural y apropiado para el proceso que he llamado «teología sistemática». Pero su uso en estudios

el desarrollo histórico de la enseñanza en cuanto a la oración según se ve a través de la historia del Antiguo Testamento y después del Nuevo Testamento?». Por supuesto, esa pregunta es muy parecida a esta: «¿Qué nos enseña la Biblia hoy en cuanto a la oración?» (Lo que sería *teología sistemática* según nuestra definición). Se hace entonces evidente que las líneas limítrofes entre estas varias disciplinas a menudo se superponen en los bordes, y partes de un estudio se combinan con el siguiente. Sin embargo, hay con todo una diferencia, porque la teología bíblica rastrea el desarrollo histórico de una doctrina y la manera en que el lugar de uno en algún punto en ese desarrollo histórico afecta la comprensión y aplicación de uno en cuanto a esa doctrina en particular. La teología bíblica también enfoca la comprensión de cada doctrina que los autores bíblicos y sus oyentes o lectores originales tenían.

La teología sistemática, por otro lado, hace uso del material de la teología bíblica y a menudo edifica sobre los resultados de la teología bíblica. En algunos puntos, especialmente en donde se necesita gran cuidado y detalles en el desarrollo de una doctrina, la teología sistemática usará incluso un método teológico bíblico, analizando el desarrollo de cada doctrina mediante el desarrollo histórico de la Biblia. Pero el enfoque de la teología sistemática sigue siendo diferente: su enfoque es la recolección y luego un sumario de la enseñanza de todos los pasajes bíblicos, un pasaje sobre un tema en particular. La teología sistemática pregunta, por ejemplo: «¿Qué nos enseña hoy la Biblia entera en cuanto a la oración?». Procura resumir las enseñanzas de la Biblia en una declaración breve, comprensible y cuidadosamente formulada.

2. Aplicación a la vida. Además, la teología sistemática se concentra en hacer un resumen de cada doctrina como deberían entenderla los creyentes del día presente. Esto a veces incluirá el uso de términos e incluso conceptos que en sí mismos no fueron usados por ningún autor bíblico individual, pero que son el resultado apropiado de combinar las enseñanzas de dos o más autores bíblicos sobre un tema en particular. Los términos *Trinidad, encarnación* y *deidad de Cristo,* por ejemplo, no se hallan en la Biblia, pero constituyen un resumen útil de conceptos bíblicos.

Definir la teología sistemática para incluir «lo que toda la Biblia *nos enseña* hoy» implica que la aplicación a la vida es una parte necesaria del correcto empeño de la teología sistemática. Por tanto, una doctrina bajo consideración se ve en términos de su valor práctico para vivir la vida cristiana. En ninguna parte de la Biblia hallamos doctrinas que se estudian por estudiarlas o aisladas de la vida. Los escritores bíblicos siempre aplicaban a la vida sus enseñanzas. Por consiguiente, cualquier cristiano que lee este libro debe hallar su vida cristiana enriquecida y profundizada durante este estudio; ciertamente, si el crecimiento espiritual personal no ocurre, el autor no ha escrito apropiadamente este libro, o el lector no lo ha estudiado correctamente.

3. Teología sistemática y teología desorganizada. Si usamos esta definición de teología sistemática, se verá que la mayoría de los creyentes en realidad hacen teología sistemática

---

teológicos para referirse al desarrollo histórico de doctrinas en la Biblia está bien establecido, así que empezar a usar ahora el término *teología bíblica* para referirse a lo que yo he llamado *teología sistemática* resultaría en confusión.

(o por lo menos declaraciones teológicas sistemáticas) muchas veces por semana. Por ejemplo: «La Biblia dice que todo el que cree en Cristo será salvo». «La Biblia dice que Jesucristo es el único camino a Dios». «La Biblia dice que Jesús viene otra vez». Todos estos son resúmenes de lo que la Biblia dice y, como tales, son afirmaciones teológicas sistemáticas. Es más, cada vez que el creyente afirma algo en cuanto a lo que dice toda la Biblia, en un sentido está haciendo teología sistemática, conforme a nuestra definición, al pensar en varios temas y responder a la pregunta: «¿Qué nos enseña toda la Biblia hoy?».[5]

¿Cómo difiere entonces este libro de la «teología sistemática» que la mayoría de los cristianos hacen? Primero, trata los temas bíblicos *de una manera cuidadosamente organizada* para garantizar que todos los temas importantes reciben consideración cabal. Tal organización también provee cierta verificación contra un análisis inexacto de temas individuales, porque quiere decir que todas las otras doctrinas que se tratan pueden ser comparadas con cada tema por uniformidad en metodología y ausencia de contradicciones en las relaciones entre las doctrinas. Esto también ayuda a asegurar una consideración balanceada de doctrinas complementarias: la deidad de Cristo y su humanidad se estudian juntas, por ejemplo, así como también la soberanía de Dios y la responsabilidad del hombre, de modo que no se deriven conclusiones erradas de un énfasis desequilibrado en solo un aspecto de la presentación bíblica completa.

De hecho, el adjetivo *sistemática* en teología sistemática se debe entender como «organizada cuidadosamente por temas», en el sentido de que se verá que los temas estudiados encajan siempre, e incluyen todos los principales temas doctrinales de la Biblia. Así que «sistemática» se debe tener como lo opuesto de «arreglada al azar» o «desorganizada». En la teología sistemática los temas se tratan de una manera ordenada o «sistemática».

Una segunda diferencia entre este libro y la manera en que la mayoría de los cristianos hacen teología sistemática es que trata los temas *con mucho mayor detalle* que lo que lo hacen la mayoría de los creyentes. Por ejemplo, el creyente promedio como resultado de la lectura regular de la Biblia puede hacer la siguiente afirmación teológica: «La Biblia dice que todo el que cree en Jesucristo será salvo». Ese es un sumario perfectamente cierto de una doctrina bíblica principal. Sin embargo, se pudiera dedicar varias páginas para elaborar más precisamente lo que quiere decir «creer en Jesucristo», y se pudieran dedicar varios capítulos a explicar lo que quiere decir «ser salvo» en todas las muchas implicaciones de esa expresión.

Tercero, un estudio formal de la teología sistemática hará posible formular sumarios de las enseñanzas bíblicas con *mucha mayor exactitud* que la alcanzada por los creyentes que no han realizado este estudio. En la teología sistemática, los sumarios de enseñanzas bíblicas se deben redactar precisamente para evitar malos entendidos y excluir enseñanzas falsas.

Cuarto, un buen análisis teológico debe hallar y tratar equitativamente *todos los pasajes bíblicos pertinentes* a cada tema en particular, y no solo algunos o unos pocos de los

[5]Robert L. Reymond, «The Justification of Theology with a Special Application to Contemporary Christology», en Nigel M. Cameron, ed., *The Challenge of Evangelical Theology: Essays in Approach and Method* (Rutherford House, Edimburgo, 1987), pp. 82-104 cita varios ejemplos del Nuevo Testamento de esta clase de búsqueda por toda la Biblia para demostrar conclusiones doctrinales: Jesús en Lc 24:25-27 (y en otros lugares); Apolos en Hch 18:28; el concilio de Jerusalén en Hch 15; y Pablo en Hch 17:2-3; 20:27; y todo Romanos. A esta lista se pudiera añadir Heb 1 (sobre la condición de Hijo divino que tiene Cristo, Heb 11 (sobre la naturaleza de la verdadera fe), y muchos otros pasajes de las Epístolas.

pasajes pertinentes. Esto a menudo quiere decir que debemos depender de los resultados de una cuidadosa exégesis (o interpretación) de la Biblia con la que concuerden en general los intérpretes evangélicos o, en donde haya diferencias significativas de interpretación, la teología sistemática incluirá exégesis detalladas en ciertos puntos.

Debido al crecido número de temas que se abordan en un estudio de teología sistemática, y debido al gran detalle con que se analizan esos temas, es inevitable que alguien que estudie un texto de teología sistemática o esté tomando un curso de teología sistemática por primera vez vea muchas de sus creencias cuestionadas o modificadas, refinadas o enriquecidas. Es de extrema importancia, por consiguiente, que toda persona que empieza tal curso resuelva firmemente en su mente abandonar como falsa cualquier idea que se halle que la enseñanza de la Biblia claramente contradice. Pero también es muy importante que toda persona resuelva no creer ninguna doctrina individual solo porque este libro de texto o algún otro libro de texto o maestro dice que es verdad, a menos que este libro o el instructor de un curso pueda convencer al estudiante partiendo del texto de la Biblia misma. Es solo la Biblia, y no «la tradición evangélica conservadora» ni ninguna otra autoridad humana, la que debe funcionar como autoridad normativa para la definición de lo que debemos creer.

4. ¿Qué son doctrinas? En este libro la palabra *doctrina* se entenderá de la siguiente manera: *una doctrina es lo que la Biblia entera nos enseña hoy en cuanto a un tema en particular.* Esta definición se relaciona directamente con nuestra definición anterior de teología sistemática, puesto que muestra que una «doctrina» es simplemente el resultado del proceso de hacer teología sistemática con respecto a un tema en particular. Entendidas de esta manera, las doctrinas pueden ser muy amplias o muy reducidas. Podemos hablar de «la doctrina de Dios» como una categoría doctrinal principal, incluyendo un sumario de todo lo que la Biblia nos enseña hoy en cuanto a Dios. Tal doctrina sería excepcionalmente grande. Por otro lado, podemos hablar más limitadamente de la doctrina de la eternidad de Dios, o de la doctrina de la Trinidad, o de la doctrina de la justicia de Dios.[6]

Dentro de cada una de estas categorías doctrinales principales se han seleccionado muchas más enseñanzas específicas como apropiadas para incluirlas. Generalmente estas tienen por lo menos uno de los siguientes tres criterios: (1) son doctrinas que se enfatizan bastante en la Biblia; (2) son doctrinas que han sido las más significativas en toda la historia de la iglesia y han sido importantes para todos los cristianos de todos los tiempos; (3) son doctrinas que han llegado a ser importantes para los creyentes en la situación presente de la historia del cristianismo (aunque algunas de estas doctrinas tal vez no hayan sido de tan gran interés anteriormente en la historia de la iglesia). Algunos ejemplos de doctrinas en la tercera categoría son la doctrina de la inerrancia de la Biblia, la doctrina del bautismo en el Espíritu Santo, la doctrina de Satanás y los demonios con referencia particular a la guerra espiritual, la doctrina de los dones espirituales en la edad del Nuevo Testamento, y la doctrina de la creación del hombre como hombre y mujer en relación a la comprensión de las funciones apropiadas de hombres y mujeres hoy.

---

[6] La palabra *dogma* es un sinónimo aproximado para *doctrina*, pero no la he usado en este libro. *Dogma* es un término que usan más a menudo los teólogos católicos romanos y luteranos, y el término frecuentemente se refiere a doctrinas que tienen el respaldo oficial de la iglesia. *Teología dogmática* es lo mismo que *teología sistemática*.

Finalmente, ¿cuál es la diferencia entre teología sistemática y *ética cristiana*? Aunque hay inevitablemente algún traslapo inevitable entre el estudio de la teología y el estudio de la ética, he tratado de mantener una distinción en énfasis. El énfasis de la teología sistemática recae en lo que Dios quiere que *creamos* y *sepamos*, en tanto que el énfasis de la ética cristiana es lo que Dios quiere que *hagamos* y cuáles *actitudes* quiere que tengamos. Tal distinción se refleja en la siguiente definición: *la ética cristiana es cualquier estudio que responde a la pregunta: «¿Qué nos exige Dios que hagamos y qué actitudes exige él que tengamos hoy?» con respecto a alguna situación dada.* La teología, pues, se enfoca en ideas, en tanto que la ética enfoca las circunstancias de la vida. La teología nos dice cómo debemos pensar, en tanto que la ética nos dice cómo debemos vivir. Un texto de ética, por ejemplo, considerará temas tales como el matrimonio y el divorcio, mentir y decir la verdad, robar y tener algo en propiedad, el aborto, control de natalidad, homosexualidad, la función del gobierno civil, disciplina de los hijos, pena capital, guerra, cuidado de los pobres, discriminación racial, y temas por el estilo. Por supuesto que habrá alguna superposición: la teología debe aplicarse a la vida (por consiguiente, a menudo es ética hasta cierto punto); y la ética se debe basar en ideas apropiadas de Dios y su mundo (por consiguiente, es teológica hasta cierto punto).

Este libro hace énfasis en la teología sistemática, aunque no vacilará en aplicar la teología a la vida en donde tal aplicación vaya bien. Con todo, para un tratamiento exhaustivo de la ética cristiana, sería necesario otro texto similar a este en alcance.

B. Presuposiciones iniciales de este libro

Empezamos con dos presuposiciones o cosas que damos por sentado: (1) que la Biblia es verdad y que es, en efecto, nuestra sola norma absoluta de verdad; (2) que el Dios de que habla la Biblia existe, y que es quien la Biblia dice que es: el Creador del cielo y la tierra y todo lo que hay en ellos. Estas dos presuposiciones, por supuesto, siempre están abiertas para ajuste, modificación o confirmación más honda posteriormente, pero en este punto estas dos presuposiciones constituyen el lugar desde el cual empezamos.

C. ¿Por qué deben los cristianos estudiar teología?

¿Por qué deben los cristianos estudiar teología sistemática? Es decir, ¿por qué debemos empeñarnos en el proceso de recoger y hacer un sumario de las enseñanzas de muchos pasajes individuales de la Biblia sobre temas en particular? ¿Por qué no es suficiente seguir leyendo la Biblia en forma regular todos los días de nuestras vidas?

1. La razón básica. Se han dado muchas respuestas a esta pregunta, pero demasiado a menudo se deja la impresión de que la teología sistemática de alguna manera puede «mejorar» lo que dice la Biblia al hacer un mejor trabajo en organizar sus enseñanzas y explicarlas más claramente de lo que la misma Biblia las explica. Así podemos empezar negando implícitamente la claridad de la Biblia.

Sin embargo, Jesús ordenó a sus discípulos y nos ordena ahora *enseñar* a los creyentes a que observen todo lo que él ordenó:

> Por tanto, vayan y hagan discípulos de todas las naciones, bautizándolos en el
> nombre del Padre y del Hijo y del Espíritu Santo, *enseñándoles* a obedecer todo

lo que les he mandado a ustedes. Y les aseguro que estaré con ustedes siempre, hasta el fin del mundo. (Mt 28:19-20)

Enseñar todo lo que Jesús ordenó, en un sentido limitado, es enseñar el contenido de la enseñanza oral de Jesús según se registra en las narrativas de los Evangelios. Sin embargo, en un sentido más amplio, «todo lo que Jesús ordenó» incluye la interpretación y aplicación de su vida y enseñanzas, porque el libro de Hechos contiene una narración de lo que Jesús *continuó* haciendo y enseñando por medio de los apóstoles después de su resurrección (nótese que 1:1 habla de «todo lo que Jesús *comenzó* a hacer y enseñar»). «Todo lo que Jesús ordenó» también puede incluir las Epístolas, puesto que fueron escritas bajo la supervisión del Espíritu Santo y también se consideraron como un «mandamiento del Señor» (1 Co 14:37; véase también Jn 14:26; 16:13; 1 Ts 4:15; 2 P 3:2; y Ap 1:1-3). Así que, en un sentido más amplio, «todo lo que Jesús ordenó» incluye todo el Nuevo Testamento.

Todavía más, cuando consideramos que los escritos del Nuevo Testamento apoyaban la confianza absoluta que Jesús tenía en la autoridad y confiabilidad de las Escrituras del Antiguo Testamento como palabras de Dios, y cuando nos damos cuenta de que las Epístolas del Nuevo Testamento también respaldaban esta perspectiva del Antiguo Testamento como palabras absolutamente autoritativas de Dios, se hace evidente que no podemos enseñar «todo lo que Jesús ordenó» sin incluir por igual todo el Antiguo Testamento (entendido apropiadamente en las varias maneras en que se aplica a la edad del nuevo pacto en la historia de la redención).

La tarea de cumplir la gran comisión incluye, por lo tanto, no solo evangelización, sino también *enseñanza,* y la tarea de enseñar todo lo que Jesús nos ordenó es, en un sentido amplio, la tarea de enseñar lo que la Biblia entera nos dice hoy. Para enseñarnos a nosotros mismos efectivamente, y enseñar a otros lo que la Biblia entera dice, es necesario *recoger* y *resumir* todos los pasajes bíblicos sobre un tema en particular.

Por ejemplo, si alguien me pregunta: «¿Qué enseña la Biblia en cuanto al retorno de Cristo?», yo podría decir: «Siga leyendo la Biblia y lo hallará». Pero si el que pregunta empieza a leer en Génesis 1:1, pasará largo tiempo antes de que halle la respuesta a su pregunta. Para entonces habrá muchas otras preguntas que necesitan respuesta, y su lista de preguntas sin respuestas empezará a verse realmente larga. ¿Qué enseña la Biblia en cuanto a la obra del Espíritu Santo? ¿Qué enseña la Biblia en cuanto a la oración? ¿Qué enseña la Biblia en cuanto al pecado? No hay tiempo en toda nuestra vida para leer la Biblia entera buscando una respuesta por nosotros mismos cada vez que surge un asunto doctrinal. Por consiguiente, para que aprendamos lo que la Biblia dice es muy útil tener el beneficio del trabajo de otros que han investigado todas las Escrituras y han hallado respuestas a estos varios temas.

Podemos enseñar más efectivamente a otros si podemos dirigirlos a los pasajes más pertinentes y sugerir un sumario apropiado de las enseñanzas de esos pasajes. Entonces el que nos pregunta puede inspeccionar esos pasajes rápidamente por sí mismo y aprender mucho más rápido cuál es la enseñanza bíblica sobre ese tema en particular. Así que la necesidad de la teología sistemática para enseñar lo que la Biblia dice surge primordialmente porque somos finitos en nuestra memoria y en la cantidad de tiempo que tenemos disponible.

La razón básica de estudiar la teología sistemática, entonces, es que nos enseña a nosotros mismos y a otros lo que toda la Biblia dice, cumpliendo así la segunda parte de la gran comisión.

2. Los beneficios para nuestra vida. Aunque la razón básica de estudiar la teología sistemática es que es un medio de obediencia al mandamiento de nuestro Señor, hay también algunos beneficios adicionales que surgen de tal estudio.

Primero, estudiar la teología nos ayuda a *superar nuestras ideas erradas.* Si no hubiera pecado en nosotros, podríamos leer la Biblia de tapa a tapa y, aunque no aprenderíamos de inmediato todo lo que dice la Biblia, con mucha probabilidad aprenderíamos solo cosas verdaderas en cuanto a Dios y su creación. Cada vez que la leyéramos aprenderíamos más cosas ciertas y no nos rebelaríamos ni rehusaríamos aceptar algo que esté escrito allí. Pero con el pecado en nuestros corazones retenemos algo de rebelión contra Dios. En varios puntos hay —para todos nosotros— enseñanzas bíblicas que por una razón u otra no queremos aceptar. El estudio de teología sistemática nos ayuda a superar esas rebeldes ideas.

Por ejemplo, supóngase que hay alguien que no quiere creer que Jesús regresará a la tierra. Podríamos mostrarle a esta persona un versículo o tal vez dos que hablan del retorno de Jesús a la tierra, pero la persona tal vez todavía halle una manera de evadir la fuerza de esos versículos o leer en ellos un significado diferente. Pero si recogemos veinticinco o treinta versículos que dicen que Jesús vuelve a la tierra personalmente, y los anotamos en un papel, nuestro amigo que vaciló en creer en el retorno de Cristo con mayor probabilidad se persuadirá ante la amplitud y diversidad de la evidencia bíblica para esta doctrina. Por supuesto, todos tenemos cuestiones como esa, temas en que nuestro entendimiento de la enseñanza de la Biblia es inadecuado. En estos temas es útil que se nos confronte con *el peso total de la enseñanza de la Biblia* sobre ese tema, para que seamos más fácilmente persuadidos incluso contra nuestras inclinaciones erradas iniciales.

Segundo, estudiar teología sistemática nos ayuda a *tomar mejores decisiones más adelante* sobre nuevas cuestiones de doctrina que puedan surgir. No podemos saber cuáles nuevas controversias doctrinales surgirán en las iglesias en las cuales viviremos y ministraremos de aquí a diez, veinte o treinta años, si el Señor no regresa antes. Estas nuevas controversias doctrinales a veces incluirán asuntos que nadie ha enfrentado con mucha atención antes. Los cristianos preguntarán: «¿Qué dice la Biblia entera en cuanto a este tema?». (La naturaleza precisa de la inerrancia bíblica y el entendimiento apropiado de la enseñanza bíblica sobre los dones del Espíritu Santo son dos ejemplos de asuntos que han surgido en nuestro siglo con mucha mayor fuerza que nunca antes en la historia de la iglesia).

Cualesquiera que sean las nuevas controversias doctrinales en años futuros, los que han aprendido bien la teología sistemática serán mucho más capaces de responder a las otras preguntas que surjan. Esto se debe a que todo lo que la Biblia dice se relaciona de alguna manera con el resto de lo que la Biblia dice (porque todo encaja de una manera congruente, por lo menos dentro de la propia comprensión de Dios de la realidad, y en la naturaleza de Dios y la creación tal como son). Así que las nuevas preguntas tendrán que ver con mucho de lo que ya se ha aprendido de la Biblia. Cuanto mejor se haya aprendido ese material anterior, más capaces seremos de lidiar con esas nuevas preguntas.

Este beneficio se extiende incluso más ampliamente. Enfrentamos problemas al aplicar la Biblia a la vida en muchos más contextos que debates doctrinales formales. ¿Qué enseña la Biblia en cuanto a las relaciones entre esposo y esposa? ¿Qué, en cuanto a la crianza de los hijos? ¿En cuanto a testificarle a algún compañero de trabajo? ¿Qué principios nos da la Biblia para estudiar psicología, economía o ciencias naturales? ¿Cómo nos guía en cuanto a gastar dinero, ahorrarlo o dar el diezmo? En todo asunto que busquemos influirán ciertos principios teológicos, y los que han aprendido bien las enseñanzas teológicas de la Biblia serán mucho más capaces de tomar decisiones que agradan a Dios.

Una analogía útil en este punto es la de un rompecabezas. Si el rompecabezas representa «lo que la Biblia entera nos enseña hoy acerca de todo», un curso de teología sistemática será como armar el borde y algunos sectores principales incluidos en el rompecabezas. Pero nunca podremos saber todo lo que la Biblia enseña acerca de todas las cosas, así que nuestro rompecabezas tendrá muchas brechas, muchas piezas que todavía faltan por colocar. Resolver un problema nuevo en la vida real es como completar otra sección del rompecabezas: cuantas más piezas tiene uno en su lugar correcto al empezar, más fácil es colocar nuevas piezas en su sitio, y menos posibilidades tiene uno de cometer equivocaciones. En este libro el objetivo es permitir que los creyentes pongan en su «rompecabezas teológico» tantas piezas con tanta precisión como sea posible, y animar a los creyentes a seguir poniendo más y más piezas correctas por el resto de su vida. Las doctrinas cristianas que se estudian aquí actuarán como pautas para ayudarle a llenar cualquier otro sector, aspectos que pertenecen a todos los aspectos de verdad en todos los aspectos de la vida.

Tercero, estudiar teología sistemática *nos ayudará a crecer como creyentes*. Cuanto más sabemos de Dios, de su Palabra, de sus relaciones con el mundo y la humanidad, más confiaremos en él, más plenamente le alabaremos, y con mayor presteza le obedeceremos. Estudiar apropiadamente la teología sistemática nos hace creyentes más maduros. Si no hacemos esto, no estamos estudiándola de la manera que Dios quiere.

Por cierto, la Biblia a menudo conecta la sana doctrina con la madurez en la vida cristiana: Pablo habla de «*la doctrina que se ciñe a la verdadera religión*» (1 Ti 6:3) y dice que su obra como apóstol es «para que, mediante la fe, los elegidos de Dios lleguen a conocer *la verdadera religión*» (Tit 1:1). En contraste, indica que toda clase de desobediencia e inmoralidad «está en contra de la sana doctrina» (1 Ti 1:10).

En conexión con esta idea es apropiado preguntar qué diferencia hay entre una «doctrina principal» y una «doctrina menor». Los cristianos a menudo dicen que quieren buscar acuerdo en la iglesia en cuanto a doctrinas principales pero dar campo para diferencias en doctrinas menores. He hallado útil la siguiente pauta:

> Una doctrina principal es la que tiene un impacto significativo en lo que pensamos de otras doctrinas, o que tiene un impacto significativo en cómo vivimos la vida cristiana. Una doctrina menor es la que tiene muy poco impacto en cómo pensamos en cuanto a otras doctrinas, y muy poco impacto en cómo vivimos la vida cristiana.

Según esta norma, doctrinas como la autoridad de la Biblia, la Trinidad, la deidad de Cristo, la justificación por la fe y muchas otras se considerarían apropiadamente doctrinas principales. Los que no están de acuerdo con la comprensión evangélica histórica de algunas de estas doctrinas tendrán amplios puntos de diferencias con los creyentes evangélicos que las afirman. Por otro lado, me parece que las diferencias en cuanto a las formas de gobierno de la iglesia o algunos detalles en cuanto a la Cena del Señor o las fechas de la gran tribulación tienen que ver con doctrinas menores. Los creyentes que difieren sobre estas cosas pueden estar de acuerdo tal vez en cualquier otro punto de la doctrina, pueden vivir vidas cristianas que no difieren de manera importante, y pueden tener genuina comunión unos con otros.

Por supuesto, tal vez hallemos doctrinas que caen en algún punto entre «principales» y «menores» de acuerdo a esta norma. Por ejemplo, los cristianos pueden diferir sobre el grado de significación que se debe asignar a la doctrina del bautismo o el milenio o el alcance de la expiación. Eso es natural, porque muchas doctrinas tienen *alguna* influencia sobre otras doctrinas o sobre la vida, pero podemos diferir en cuanto a si pensamos que sea una influencia «significativa». Podemos incluso reconocer que habrá una gama de importancia aquí, y simplemente decir que cuanta más influencia tiene una doctrina sobre otras doctrinas y la vida, más «principal» llega a ser. Esta cantidad de influencia incluso puede variar de acuerdo a las circunstancias históricas y necesidades de la iglesia en un momento dado. En tales casos, los cristianos deben pedirle a Dios que les dé sabiduría madura y juicio sano al tratar de determinar hasta qué punto una doctrina se debe considerar «principal» en sus circunstancias particulares.

D. Una nota sobre dos objeciones al estudio de la teología sistemática

1. «Las conclusiones son "demasiado pulidas" para ser verdad». Algunos estudiosos miran con sospecha la teología sistemática cuando —o incluso porque— sus enseñanzas encajan unas con otras en una manera no contradictoria. Objetan que el resultado sea «demasiado pulido» y que los teólogos sistemáticos deben por consiguiente de estar embutiendo las enseñanzas de la Biblia en un molde artificial y distorsionando el significado verdadero de las Escrituras a fin de lograr un conjunto ordenado de creencias.

A esta objeción se pueden dar dos respuestas: (1) debemos primero preguntar a los que hacen tal objeción qué puntos específicos de la Biblia han sido interpretados mal, y entonces debemos lidiar con la comprensión de esos pasajes. Tal vez se hayan cometido equivocaciones, y en ese caso debe haber correcciones.

Sin embargo, también es posible que el objetor no tenga pasajes específicos en mente, o ninguna interpretación claramente errónea que señalar en las obras de los teólogos evangélicos más responsables. Desde luego, se puede hallar exégesis incompetente en los escritos de eruditos menos competentes en *cualquier* campo de estudios bíblicos, no solo en la teología sistemática, pero esos «malos ejemplos» constituyen una objeción no contra la erudición como un todo, sino contra el erudito incompetente mismo.

Es muy importante que el objetor sea específico en este punto, porque esta objeción a veces la hacen quienes, tal vez inconscientemente, han adoptado de nuestra cultura un concepto escéptico de la posibilidad de hallar conclusiones universalmente verdaderas en cuanto a algo, incluso en cuanto a Dios y su Palabra. Esta clase de escepticismo respecto a la verdad teológica es especialmente común en el mundo universitario moderno en donde «teología sistemática», si es que se estudia, se estudia solo desde la perspectiva de la teología filosófica y la teología histórica (incluyendo tal vez un estudio histórico de las varias ideas que creyeron los primeros cristianos que escribieron el Nuevo Testamento, y otros cristianos de ese tiempo y a través de la historia de la iglesia). En este tipo de clima intelectual, el estudio de «teología sistemática» según se define en este capítulo se consideraría imposible, porque se da por sentado que la Biblia es meramente la obra de muchos autores humanos que escribieron en diversas culturas y experiencias en el curso de más de mil años. Se pensaría que tratar de hallar «lo que toda la Biblia enseña» en cuanto a algún asunto sería tan inútil como tratar de hallar «lo que todos los filósofos enseñan» respecto a algún asunto, porque se pensaría que la respuesta en ambos casos no es una sino muchas nociones diversas y a menudo en conflicto. Este punto de vista escéptico lo deben rechazar los evangélicos que ven las Escrituras como producto de autoría humana y divina, y por consiguiente como una colección de escritos que enseñan verdades no contradictorias en cuanto a Dios y en cuanto al universo que él creó.

(2) Segundo, se debe contestar que, en la mente de Dios, y en la naturaleza de la realidad en sí misma, los hechos e ideas *verdaderos* son todos congruentes entre sí. Por consiguiente, si hemos entendido acertadamente las enseñanzas de Dios en la Biblia debemos esperar que nuestras conclusiones «encajen unas con otras» y sean congruentes entre sí. La congruencia interna, entonces, es un argumento a favor, y no en contra, de cualquier resultado individual de la teología sistemática.

2. «La selección de temas dicta las conclusiones». Otra objeción general a la teología sistemática tiene que ver con la selección y arreglo de los temas, e incluso el hecho de que se haga tal estudio de la Biblia arreglado por temas, usando categorías a veces diferentes de las que se hallan en la misma Biblia. ¿Por qué se tratan *estos* temas teológicos en lugar de simplemente los demás que recalcan los autores bíblicos, y por qué los temas *se arreglan de esta manera* y no de otra? Tal vez, diría esta objeción, nuestras tradiciones y nuestras culturas han determinado los temas que tratamos y el arreglo de los mismos, para que los resultados en este estudio teológico sistemático de la Biblia, aunque aceptable en nuestra propia tradición teológica, en realidad no sea fiel a la Biblia misma.

Una variante de esta objeción es la afirmación de que nuestro punto de partida a menudo determina nuestras conclusiones respecto a temas controversiales: si decidimos empezar con un énfasis en la autoría divina de la Biblia, por ejemplo, acabaremos creyendo en la inerrancia bíblica, pero si empezamos con un énfasis en la autoría humana de la Biblia, acabaremos creyendo que hay algunos errores en ella. En forma similar, si empezamos con un énfasis en la soberanía de Dios, acabaremos siendo calvinistas, pero si empezamos con un énfasis en la capacidad del hombre para tomar decisiones libres, acabaremos siendo arminianos, y así por el estilo. Esta objeción hace que parezca que las preguntas teológicas más importantes probablemente se pudieran decidir echando una moneda al aire para decidir en dónde empezar, puesto que se puede llegar a conclusiones *diferentes* e *igualmente válidas* desde diferentes puntos de partida.

Los que hacen tal objeción a menudo sugieren que la mejor manera de evitar este problema es no estudiar ni enseñar teología sistemática, sino limitar nuestros estudios temáticos al campo de la teología bíblica, tratando solo los temas y asuntos que los autores bíblicos mismos recalcan y describir el desarrollo histórico de estos temas bíblicos a través de la Biblia.

En respuesta a esta objeción, una gran parte de la consideración en este capítulo en cuanto a la necesidad de enseñar la Biblia será pertinente. Nuestra selección de temas no tiene que estar restringida a los principales intereses de los autores bíblicos, porque nuestra meta es hallar lo que Dios requiere de nosotros en todos los aspectos de interés para nosotros hoy.

Por ejemplo, a ningún autor del Nuevo Testamento le interesó *sobremanera* explicar temas tales como el «bautismo en el Espíritu Santo», o las funciones de las mujeres en la iglesia, o la doctrina de la Trinidad, pero estos son asuntos válidos de interés para nosotros hoy, y debemos buscar todos los lugares en la Biblia que hacen referencia a esos temas (sea que esos términos específicos se mencionen o no, y sea que esos temas sean el foco primordial de cada pasaje que examinamos o no) para ser capaces de entender y explicar a otros «lo que toda la Biblia enseña» en cuanto a ellos.

La única alternativa —porque *en efecto* pensaremos *algo* sobre esos temas— es formar nuestras opiniones sin orden ni concierto partiendo de una impresión general de lo que pensamos que es la posición «bíblica» sobre cada tema, o tal vez apuntalar nuestras posiciones con análisis cuidadoso de uno o dos pasajes pertinentes, sin ninguna garantía de que esos pasajes presenten una noción balanceada de «todo el propósito de Dios» (Hch 20:27) sobre el tema que se considera. En verdad este enfoque, demasiado común en círculos evangélicos hoy, podría, me parece, llamarse «teología asistemática» o incluso ¡«teología al azar y desordenada»! Tal alternativa es demasiado subjetiva y demasiado sujeta a presiones culturales. Tiende a la fragmentación e incertidumbre doctrinal ampliamente extendida, y deja a la iglesia teológicamente inmadura, como «niños, zarandeados por las olas y llevados de aquí para allá por todo viento de enseñanza» (Ef 4:14).

Respecto a la objeción en cuanto a la selección y secuencia de los temas, nada hay que nos impida acudir a la Biblia para buscar respuestas a *cualquier* pregunta doctrinal, considerada en *cualquier secuencia*. La secuencia de temas en este libro es muy común y se ha adoptado porque es ordenada y se presta bien para el aprendizaje y la enseñanza. Pero los capítulos se pueden leer en cualquier secuencia que uno quiera, y las conclusiones no van a ser diferentes, ni tampoco lo persuasivo de los argumentos —si están derivados apropiadamente de la Biblia— se reducirá significativamente. He tratado de escribir los capítulos de modo que se puedan leer como unidades independientes.

E. ¿Cómo deben los cristianos estudiar teología sistemática?

¿Cómo, entonces, debemos estudiar la teología sistemática? La Biblia provee algunas pautas que responden a esta pregunta.

1. Debemos estudiar la teología sistemática en oración. Si estudiar teología sistemática es solo una manera de estudiar la Biblia, los pasajes de la Biblia que hablan de la manera en que debemos estudiar la Palabra de Dios nos orientan en esta tarea. Tal como el salmista ora en Salmos 119:18: «Ábreme los ojos, para que contemple las maravillas de tu ley», debemos orar y buscar la ayuda de Dios para entender su Palabra. Pablo nos dice en 1 Corintios 2:14: «El que no tiene el Espíritu no acepta lo que procede del Espíritu de Dios, pues para él es locura. No puede entenderlo, porque hay que discernirlo espiritualmente». Estudiar teología es por consiguiente una actividad espiritual en la que necesitamos la ayuda del Espíritu Santo.

Por inteligente que sea, si el estudiante no persiste en orar para que Dios le dé una mente que comprenda, y un corazón creyente y humilde, y el estudiante no mantiene un andar personal con el Señor, las enseñanzas de la Biblia serán mal entendidas y no se creerá en ellas, resultará en error doctrinal, y la mente y el corazón del estudiante no cambiarán para bien sino para mal. Los estudiantes de teología sistemática deben resolver desde el principio mantenerse libres de toda desobediencia a Dios o de cualquier pecado conocido que interrumpiría su relación con él. Deben resolver mantener con gran regularidad su vida devocional. Deben orar continuamente pidiendo sabiduría y comprensión de las Escrituras.

Puesto que es el Espíritu Santo el que nos da la capacidad de entender apropiadamente la Biblia, necesitamos darnos cuenta de que lo que hay que hacer, particularmente cuando no podemos entender algún pasaje o alguna doctrina de la Biblia, es pedir la ayuda de Dios. A menudo lo que necesitamos no es más información sino más perspectiva en cuanto a la información que ya tenemos disponible. Esa perspectiva la da solamente el Espíritu Santo (cf. 1 Co 2:14; Ef 1:17-19).

2. Debemos estudiar teología sistemática con humildad. Pedro nos dice: «Dios se opone a los orgullosos, pero da gracia a los humildes» (1 P 5:5). Los que estudian teología sistemática aprenderán muchas cosas en cuanto a las enseñanzas de la Biblia que tal vez no saben o no conocen bien otros creyentes en sus iglesias o parientes que tienen más años en el Señor que ellos. También pueden comprender cosas en cuanto a la Biblia que algunos de los cargos de su iglesia no entienden, e incluso que su pastor tal vez haya olvidado o nunca aprendió bien.

En todas estas situaciones sería muy fácil adoptar una actitud de orgullo o superioridad hacia otros que no han hecho tal estudio. Pero qué horrible sería si alguien usara este conocimiento de la Palabra de Dios solo para ganar discusiones o para denigrar a otro creyente en la conversación, o para hacer que otro creyente se sienta insignificante en la obra del Señor. El consejo de Santiago es bueno para nosotros en este punto: «Todos deben estar listos para escuchar, y ser lentos para hablar y para enojarse; pues la ira humana no produce la vida justa que Dios quiere» (Stg 1:19-20). Nos dice que lo que uno comprende de la Biblia debe ser impartido en humildad y amor:

> ¿Quién es sabio y entendido entre ustedes? Que lo demuestre con su buena conducta, mediante obras hechas con la humildad que le da su sabiduría. [...] En cambio, la sabiduría que desciende del cielo es ante todo pura, y además pacífica, bondadosa, dócil, llena de compasión y de buenos frutos, imparcial y sincera. En fin, el fruto de la justicia se siembra en paz para los que hacen la paz. (Stg 3:13, 17-18)

La teología sistemática estudiada como es debido no conducirá a un conocimiento que «envanece» (1 Co 8:1), sino a humildad y amor por otros.

3. Debemos estudiar teología sistemática con razonamiento. Hallamos en el Nuevo Testamento que Jesús y los autores del Nuevo Testamento a menudo citan un versículo de la Biblia y luego derivan de él conclusiones lógicas. *Razonan* partiendo del pasaje bíblico. Por consiguiente, no es errado usar el entendimiento humano, la lógica y la razón humanas para derivar conclusiones de las afirmaciones de la Biblia. No obstante, cuando razonamos y derivamos de la Biblia lo que pensamos sean deducciones lógicas correctas, a veces cometemos errores. Las deducciones que derivamos de las afirmaciones de la Biblia no son iguales a las afirmaciones de la Biblia en sí mismas, en certeza o autoridad, porque nuestra capacidad para razonar y derivar conclusiones no es la suprema norma de verdad; pues solo la Biblia lo es.

¿Cuáles son, entonces, los límites en nuestro uso de nuestras capacidades de razonamiento para derivar deducciones de las afirmaciones de la Biblia? El hecho de que razonar y llegar a conclusiones que van más allá de las meras afirmaciones de la Biblia es apropiado e incluso necesario para estudiar la Palabra de Dios y el hecho de que la Biblia en sí misma es la suprema norma de verdad se combinan para indicarnos que *somos libres para usar nuestras capacidades de razonamiento para derivar deducciones de cualquier pasaje de la Biblia en tanto y en cuanto esas deducciones no contradigan la clara enseñanza de algún otro pasaje de la Biblia.*[7]

Este principio pone una salvaguarda en nuestro uso de lo que pensamos sean deducciones lógicas de la Biblia. Nuestras deducciones supuestamente lógicas pueden estar erradas, pero la Biblia en sí misma no puede estar errada. Por ejemplo, podemos leer la Biblia y hallar que a Dios Padre se le llama Dios (1 Co 1:3), que a Dios Hijo se le llama Dios (Jn 20:28; Tit 2:13) y que a Dios Espíritu Santo se le llama Dios (Hch 5:3-4). De esto podemos deducir que hay tres Dioses. Pero después hallamos que la Biblia explícitamente nos enseña que Dios es uno (Dt 6:4; Stg 2:19). Así que concluimos que lo que nosotros *pensamos* que era una deducción lógica válida en cuanto a tres Dioses estaba errada y que la Biblia enseña (a) que hay tres personas separadas (Padre, Hijo y Espíritu Santo), cada una de las cuales es plenamente Dios, y (b) que hay solo un Dios.

No podemos entender exactamente cómo estas dos afirmaciones pueden ser verdad a la vez, así que constituyen una *paradoja* («afirmación que aunque parece contradictoria puede ser verdad»).[8] Podemos tolerar una paradoja (tal como «Dios es tres personas y solo un Dios») porque tenemos la confianza de que en última instancia Dios sabe

---

[7]Esta pauta también la adopto del profesor John Frame, del Westminster Seminary (vea p. 13).

[8]El *American Heritage Dictionary of the English Language*, ed. William Morris (Houghton-Mifflin, Boston, 1980), p. 950 (primera definición). Esencialmente el mismo significado lo adopta el *Oxford English Dictionary* (ed. 1913, 7:450), el *Concise Oxford Dictionary* (ed. 1981, p. 742), el *Random House Collage Dictionary* (ed. 1979, p. 964), y el *Chambers Twentieth Century Dictionary* (p. 780), si bien todos señalan que *paradoja* también puede significar «contradicción» (aunque en forma menos común); compare la *Encyclopedia of Philosophy*, ed. Paul Edwards (Macmillan and the Free Press, New York, 1967), 5:45, y todo el artículo «Logical Paradoxes» («Paradojas lógicas») de John van Heijenoort en las pp. 45-51 del mismo volumen, que propone soluciones a muchas de las paradojas clásicas en la historia de la filosofía. (Si *paradoja* significa «contradicción», tales soluciones serían imposibles).

Cuando uso la palabra *paradoja* en el sentido primario que definen estos diccionarios hoy me doy cuenta de que difiero en alguna medida del artículo «*Paradox*» (Paradoja) de K. S. Kantzer en *EDT*, ed. Walter Elwell, pp. 826-27 (que toma *paradoja* para significar esencialmente «contradicción»). Sin embargo, uso *paradoja* en el sentido ordinario del inglés y que es conocido en la filosofía. Me parece que no hay disponible ninguna otra palabra mejor que *paradoja* para referirse a lo que parece ser una contradicción y no lo es en realidad.

Hay, sin embargo, alguna falta de uniformidad en el uso del término *paradoja* y un término relacionado: *antinomia*, en el debate evangélico contemporáneo. La palabra *antinomia* se ha usado a veces para aplicarla a lo que aquí llamo *paradoja*, es decir, «lo que parecen ser afirmaciones contradictorias y, sin embargo, son ambas verdaderas» (vea, por ejemplo, John Jefferson Davis, *Theology Primer* [Baker, Grand Rapids, 1981], p. 18). Tal sentido de *antinomia* ganó respaldo en un libro ampliamente leído, *Evangelism and the Sovereignty of God*, por J. I Packer (Intervarsity Press, Londres, 1961). En las

plenamente la verdad en cuanto a sí mismo y en cuanto a la naturaleza de la realidad, y que para él los diferentes elementos de una paradoja quedan plenamente reconciliados, aunque en este punto los pensamientos de Dios son más altos que los nuestros (Is 55:8-9). Pero una verdadera contradicción (como el que «Dios es tres personas y Dios no es tres personas») implicaría contradicción en la comprensión que Dios tiene de sí mismo y de la realidad, y esto no puede ser.

Cuando el salmista dice: «La suma de tus palabras es la verdad; tus rectos juicios permanecen para siempre» (Sal 119:160), implica que las palabras de Dios no solo son verdad individualmente, sino también cuando se ven juntas como un todo. Vistas colectivamente, su «suma» es también «verdad». En última instancia, no hay contradicción interna ni en la Biblia ni en los pensamientos de Dios.

4. Debemos estudiar teología sistemática con la ayuda de otros. Debemos estar agradecidos de que Dios ha puesto maestros en la iglesia («En la iglesia Dios ha puesto, en primer lugar, apóstoles; en segundo lugar, profetas; en tercer lugar, *maestros*», 1 Co 12:28). Debemos permitir que los que tienen estos dones de enseñanza nos ayuden a entender las Escrituras. Esto significa que debemos usar teologías sistemáticas y otros libros que han escrito algunos de los maestros que Dios le ha dado a la iglesia en el curso de su historia. También significa que nuestro estudio de teología incluirá *hablar con otros cristianos* en cuanto a las cosas que estamos estudiando. Entre aquellos con quienes hablamos a menudo estarán algunos con dones de enseñanza que pueden explicar las enseñanzas bíblicas claramente y ayudarnos a entenderlas más fácilmente. De hecho, algunos de los aprendizajes más efectivos en los cursos de teología sistemática en universidades y seminarios a menudo ocurren fuera del salón de clases en conversaciones informales entre estudiantes que intentan entender por sí mismos las doctrinas bíblicas.

5. Debemos estudiar la teología sistemática recogiendo y comprendiendo todos los pasajes de la Biblia pertinentes a cualquier tema. Mencioné esto en nuestra definición de teología sistemática al principio de este capítulo, pero aquí hay que describir el proceso en sí. ¿Cómo realizar uno un sumario doctrinal de lo que todos los pasajes de la Biblia enseñan sobre cierto tema? Para los temas que se cubren en este volumen, muchos pensarán que estudiar los capítulos de este libro y leer los versículos bíblicos anotados en los capítulos basta. Pero algunos querrán estudiar más la Biblia sobre algún tema particular o estudiar algún nuevo tema no cubierto aquí. ¿Cómo puede un estudiante usar la Biblia para investigar lo que enseña sobre algún tema nuevo, tal vez uno que no se ha discutido explícitamente en ninguno de sus textos de teología sistemática?

---

pp. 18-22 Packer define *antinomia* como «una apariencia de contradicción» (pero admite en la p. 18 que esta definición difiere del *Shorter Oxford Dictionary*). Mi problema en cuanto a usar *antinomia* en este sentido es que la palabra es tan poco conocida en el inglés ordinario que solo aumenta el caudal de términos técnicos que los cristianos tienen que aprender a fin de entender a los teólogos, y además tal sentido no lo respalda ninguno de los diccionarios citados arriba, todos los cuales definen *antinomia* en el sentido «contradicción» (por ej., *Oxford English Dictionary*, 1:371). El problema no es serio, pero ayudaría a la comunicación si los evangélicos pudieran convenir en un sentido uniforme para estos términos.

Es desde luego aceptable la paradoja en la teología sistemática, y las paradojas son hechos inevitables siempre que tengamos una comprensión definitiva de algún tema teológico. Sin embargo, es importante reconocer que la teología cristiana nunca debe afirmar una «contradicción» (un conjunto de dos afirmaciones, una de las cuales niega a la otra). Una contradicción sería: «Dios es tres personas y Dios no es tres personas» (donde el término *personas* tiene el mismo sentido en ambas mitades de la oración).

El proceso sería así: (1) Buscar todos los versículos relevantes. La mejor ayuda en este paso es una buena concordancia que le permita a uno buscar palabras clave y hallar los versículos en que se trata el tema. Por ejemplo, al estudiar lo que significa que el hombre fue creado a imagen y semejanza de Dios, uno necesita buscar todos los versículos en los cuales aparece «imagen», «semejanza» y «crear». (Las palabras «hombre» y «Dios» ocurren con demasiada frecuencia para que sean útiles para una búsqueda en la concordancia). Al estudiar la doctrina de la oración se podrían buscar muchas palabras (*oración, orar, interceder, petición, súplica, confesar, confesión, alabanza, dar gracias, acción de gracias*, et al.); y tal vez la lista de versículos sería demasiado larga para ser manejable, así que el estudiante tendría que revisar ligeramente la concordancia sin buscar los versículos, o la búsqueda se podría probablemente dividir en secciones, o limitarse de alguna otra manera. También se puede hallar versículos al pensar en la historia global de la Biblia y buscando las secciones donde pueda haber información sobre el tema a mano; por ejemplo, el que quiere estudiar sobre la oración tal vez querrá leer pasajes como la oración de Ana por un hijo (en 1 S 1), la oración de Salomón en la dedicación del templo (en 1 R 8), la oración de Jesús en el huerto del Getsemaní (en Mt 26 y paralelos), y así por el estilo. Luego, además del trabajo en la concordancia y de leer otros pasajes que uno pueda hallar sobre el tema, revisar las secciones relevantes en algunos libros de teología sistemática a menudo trae a la luz otros versículos que uno puede haber pasado por alto, a veces porque en estos versículos no se usa ninguna de las palabras que se usaron para la búsqueda en la concordancia[9].

(2) El segundo paso es leer, tomar notas y tratar de hacer un sumario de los puntos que hacen los versículos relevantes. A veces un tema se repetirá a menudo y el sumario de varios versículos será relativamente fácil de hacer. En otras ocasiones habrá versículos difíciles de entender, y el estudiante necesitará dedicar tiempo para estudiar un versículo a profundidad (solo leyendo el versículo en su contexto vez tras vez, o usando herramientas especializadas como comentarios y diccionarios) hasta que se logre una comprensión satisfactoria.

(3) Finalmente, las enseñanzas de los varios versículos se deben resumir en uno o más puntos que la Biblia afirma en cuanto a ese tema. El sumario no tiene que tener la forma exacta de la conclusión de otros sobre el tema, porque bien podemos ver en la Biblia cosas que otros no han visto, o tal vez organizamos el tema en forma diferente, o enfatizamos cosas diferentes.

Por otro lado, en este punto es también útil leer secciones relacionadas, si se puede hallar alguna, en varios libros de teología sistemática. Esto provee una verificación útil contra errores o detalles que se hayan pasado por alto, y a menudo hace que uno se percate de perspectivas y argumentos alternos que pueden hacernos modificar o fortificar nuestra posición. Si el estudiante halla que otros han argumentado a favor de conclusiones fuertemente divergentes, entonces hay que indicar correctamente esas otras perspectivas y luego contestarlas. A veces otros libros de teología nos alertarán acerca de

[9]He leído una cantidad de ensayos de estudiantes que dicen que el Evangelio de Juan no dice nada en cuanto a cómo los creyentes deben orar, por ejemplo, porque al examinar una concordancia hallaron que la palabra *oración* no aparece en Juan, y la palabra *orar* solo aparece cuatro veces en referencia a Jesús orando en Juan 14, 16:17. Pasaron por alto el hecho de que Juan contiene varios versículos importantes en donde se usa la palabra *pedir* en lugar de la palabra *orar* (Jn 14:13-14; 15:07, 16; et al.).

consideraciones históricas o filosóficas que han surgido antes en la historia de la iglesia, y estas proveerán nociones adicionales o advertencias contra el error.

El proceso bosquejado arriba es posible para cualquier cristiano que puede leer su Biblia y puede buscar las palabras en una concordancia. Por supuesto, las personas serán cada vez más ágiles y más precisas en este proceso con el tiempo, la experiencia y la madurez cristiana, pero sería una tremenda ayuda para la iglesia si los creyentes generalmente dedicaran mucho más tiempo a investigar los temas de la Biblia por sí mismos y derivar conclusiones según el proceso indicado arriba. El gozo de descubrir temas bíblicos será ricamente recompensador. Especialmente los pastores y los que dirigen estudios bíblicos hallarán frescor adicional en su comprensión de la Biblia y en su enseñanza.

6. Debemos estudiar teología sistemática con alegría y alabanza. El estudio de teología no es meramente un ejercicio teórico intelectual. Es un estudio del Dios viviente, y de las maravillas de sus obras en la creación y en la redención. ¡No podemos estudiar este tema desapasionadamente! Debemos amar todo lo que Dios es, todo lo que él dice, y todo lo que él hace. «Ama al Señor tu Dios con todo tu corazón» (Dt 6:5). Nuestra respuesta al estudio de la teología de la Biblia debe ser la del salmista que dijo: «¡Cuán preciosos, oh Dios, me son tus pensamientos!» (Sal 139:17). En el estudio de las enseñanzas de la Palabra de Dios no debe sorprendernos si a menudo hallamos nuestros corazones irrumpiendo espontáneamente en expresiones de alabanza y deleite como las del salmista:

Los preceptos del Señor son rectos: traen alegría al corazón. (Sal 19:8)

Me regocijo en el camino de tus estatutos más que en todas las riquezas. (Sal 119:14)

¡Cuán dulces son a mi paladar tus palabras! ¡Son más dulces que la miel a mi boca! (Sal 119:103)

Tus estatutos son mi herencia permanente; son el regocijo de mi corazón. (Sal 119:111)

Yo me regocijo en tu promesa como quien halla un gran botín. (Sal 119:162)

A menudo en el estudio de teología la respuesta del cristiano será similar a la de Pablo al reflexionar sobre el prolongado argumento teológico que acababa de completar al final de Romanos 11:32. Irrumpe en alabanza gozosa por las riquezas de la doctrina que Dios le ha permitido expresar:

¡Qué profundas son las riquezas de la sabiduría y del conocimiento de Dios! ¡Qué indescifrables sus juicios e impenetrables sus caminos!

«¿Quién ha conocido la mente del Señor,
o quién ha sido su consejero?».
«¿Quién le ha dado primero a Dios,
para que luego Dios le pague?».

Porque todas las cosas proceden de él, y existen por él y para él. A él sea la gloria por siempre! Amén. (Ro 11:33-36)

PREGUNTAS DE APLICACIÓN PERSONAL

Estas preguntas al final de cada capítulo enfocan la aplicación a la vida. Debido a que pienso que la doctrina se debe sentir a nivel emocional tanto como entenderse a nivel intelectual, en muchos capítulos he incluido algunas preguntas en cuanto a cómo el lector *se siente* respecto a un punto de doctrina. Pienso que estas preguntas serán muy valiosas para los que dedican tiempo para reflexionar en ellas.

1. ¿De qué maneras (si hay alguna) ha cambiado este capítulo su comprensión de lo que es teología sistemática? ¿Cuál era su actitud hacia el estudio de la teología sistemática antes de leer este capítulo? ¿Cuál es su actitud ahora?

2. ¿Qué es lo más probable que sucedería a una iglesia o denominación que abandonara el aprendizaje de teología sistemática por una generación o más? ¿Ha sido esto cierto en su iglesia?

3. ¿De las doctrinas que aparecen en la tabla de contenido, hay alguna que cree quele ayudaría a resolver una dificultad personal presente en su vida si tuviera una comprensión más amplia de dicha doctrina? ¿Cuáles son los peligros espirituales y emocionales que usted personalmente debe tener presente al estudiar teología sistemática?

4. Ore pidiéndole a Dios que haga de este estudio de doctrinas cristianas básicas un tiempo de crecimiento espiritual y más íntima comunión con él, y un tiempo en el que usted entienda y aplique correctamente las enseñanzas de la Biblia.

TÉRMINOS ESPECIALES

apologética	teología bíblica
contradicción	teología del Nuevo Testamento
doctrina	teología del Antiguo Testamento
doctrina menor	teología dogmática
doctrina principal	teología histórica
ética cristiana	teología filosófica
paradoja	teología sistemática
presuposición	

BIBLIOGRAFÍA

Baker, D. L. «Biblical Theology». En *NDT* p. 671.

Berkhof, Louis. *Introduction to Systematic Theology*. Eerdmans, Grand Rapids, 1982, pp. 15–75 (publicado primero en 1932). En español, *Introducción a la teología sistematica*. Grand Rapids, Libros Desafío, 2002.

Bray, Gerald L., ed. *Contours of Christian Theology*. Intervarsity Press, Downers Grove, IL, 1993.

_____. «Systematic Theology, History of». En *NDT* pp. 671–72.

Cameron, Nigel M., ed. *The Challenge of Evangelical Theology: Essays in Approach and Method*. Rutherford House, Edinburgh, 1987.

Carson, D. A. «Unity and Diversity in the New Testament: The Possibility of Systematic Theology». En *Scripture and Truth*. Ed. por D. A. Carson y John Woodbridge. Zondervan, Grand Rapids, 1983, pp. 65–95.

Davis, John Jefferson. *Foundations of Evangelical Theology*. Baker, Grand Rapids, 1984.

_____. *The Necessity of Systematic Theology*. Baker, Grand Rapids, 1980.

_____. *Theology Primer: Resources for the Theological Student*. Baker, Grand Rapids, 1981.

Demarest, Bruce. "Systematic Theology." En *EDT* pp. 1064–66.

Erickson, Millard. *Concise Dictionary of Christian Theology*. Baker, Grand Rapids, 1986.

Frame, John. *Van Til the Theologian*. Pilgrim, Phillipsburg, NJ, 1976.

Geehan, E.R., ed. *Jerusalem and Athens*. Craig Press, Nutley, NJ, 1971.

Grenz, Stanley J. *Revisioning Evangelical Theology: A Fresh Agenda for the 21st Century*. InterVarsity Press, Downers Grove, IL, 1993.

House, H. Wayne. *Charts of Christian Theology and Doctrine*. Zondervan, Grand Rapids, 1992.

Kuyper, Abraham. *Principles of Sacred Theology*. Trad. por J. H. DeVries. Eerdmans, Grand Rapids, 1968 (reimpresión; primero publicada como *Encyclopedia of Sacred Theology* en 1898).

Machen, J. Gresham. *Christianity and Liberalism*. Eerdmans, Grand Rapids, 1923. (Este libro de 180 páginas es, en mi opinión, uno de los estudios teológicos más significativos jamás escritos. Da un claro vistazo general de las principales doctrinas bíblicas y en cada punto muestra las diferencias vitales con la teología protestante liberal, diferencias que todavía nos confrontan hoy. Es lectura que exijo en todas mis clases de introducción a la teología).

Morrow, T. W. «Systematic Theology». En *NDT* p. 671.

Poythress, Vern. *Symphonic Theology: The Validity of Multiple Perspectives in Theology*. Zondervan, Grand Rapids, 1987.

Preus, Robert D. *The Theology of Post-Reformation Lutheranism: A Study of Theological Prolegomena*. 2 vols. Concordia, St. Louis, 1970.

Van Til, Cornelius. *In Defense of the Faith vol. 5: An Introduction to Systematic Theology*. n. p. Presbyterian and Reformed, 1976, pp. 1–61, 253–62.

_____. *The Defense of the Faith*. Filadelfia: Presbyterian and Reformed, 1955.

Vos, Geerhardus. «The Idea of Biblical Theology as a Science and as a Theological Discipline». En *Redemptive History and Biblical Interpretation* pp. 3–24. Ed. por Richard Gaffin. Presbyterian and Reformed, Phillipsburg, NJ, 1980 (artículo publicado primero en 1894).

Warfield, B. B. «The Indispensableness of Systematic Theology to the Preacher». En *Selected Shorter Writings of Benjamin B. Warfield* 2:280–88. Ed. por John E. Meeter. Presbyterian and Reformed, Nutley, NJ, 1973 (publicado primero en 1897).

_____. «The Right of Systematic Theology». En *Selected Shorter Writings of Benjamin B. Warfield* 2:21–279. Ed. por John E. Meeter. Presbyterian and Reformed, Nutley, NJ, 1973 (artículo publicado primero en 1896).

Wells, David. *No Place for Truth, or, Whatever Happened to Evangelical Theology?* Eerdmans, Grand Rapids, 1993.

Woodbridge, John D., y Thomas E. McComiskey, eds. *Doing Theology in Today's World: Essays in Honor of Kenneth S. Kantzer*. Zondervan, Grand Rapids, 1991.

PASAJE BÍBLICO PARA MEMORIZAR

Los estudiantes repetidamente han mencionado que una de las partes más valiosas de cualquiera de sus cursos en la universidad o seminario ha sido los pasajes bíblicos que se les exigió memorizar. «En mi corazón atesoro tus dichos para no pecar contra ti» (Sal 119:11). En cada capítulo, por consiguiente, he incluido un pasaje apropiado para memorizar de modo que los instructores puedan incorporar la memorización de la Biblia dentro de los requisitos del curso siempre que sea posible. (Los pasajes bíblicos para memorizar que se indican al final de cada capítulo se toman de la NVI).

Mateo 28:18-20: *Jesús se acercó entonces a ellos y les dijo: Se me ha dado toda autoridad en el cielo y en la tierra. Por tanto, vayan y hagan discípulos de todas las naciones, bautizándolos en el nombre del Padre y del Hijo y del Espíritu Santo, enseñándoles a obedecer todo lo que les he mandado a ustedes. Y les aseguro que estaré con ustedes siempre, hasta el fin del mundo.*

HIMNO

La buena teología sistemática nos lleva a alabar. Es correcto por tanto que al final de cada capítulo se incluya un himno relacionado con el tema del capítulo. En un aula, el himno debe cantarse al principio y al final de la clase. Por otro lado, el lector individual puede cantarlo en privado o simplemente meditar en silencio en las palabras. A menos que se señale lo contrario, las palabras de estos himnos son ya de dominio público y no están sujetas a restricciones de derechos de autor. Desde luego, se pueden escribir para proyectarlas o fotocopiarlas.

¿Por qué he usado tantos himnos? Aunque me gustan muchos de los más recientes cánticos de adoración y alabanza que tanto se cantan hoy, cuando comencé a seleccionar himnos que correspondieran a las grandes doctrinas de la fe cristiana, me di cuenta de que los grandes himnos de la iglesia de siempre tienen una riqueza y amplitud que todavía no tiene igual. No sé de muchos cánticos de adoración modernos que abarquen los temas de los capítulos de este libro de una manera amplia. Quizá lo que digo sirva de exhortación a los compositores modernos a estudiar estos capítulos y después escribir canciones que reflejen las enseñanzas de la Biblia en los respectivos temas.

Para este capítulo, sin embargo, no hallé himno antiguo ni moderno que diera gracias a Dios por el privilegio de estudiar teología sistemática a partir de las páginas de la Biblia. Por tanto, he seleccionado un himno de alabanza general, que es siempre apropiado.

HIMNO

«¡Oh, que tuviera lenguas mil!»

Este himno de Carlos Wesley (1707-88) empieza deseando tener «mil lenguas» para cantarle alabanzas a Dios. La segunda estrofa es una oración pidiendo que Dios le «ayude» a proclamar su alabanza por toda la tierra.

¡Oh, que tuviera lenguas mil
Del Redentor cantar
La gloria de mi Dios y Rey,
Los triunfos de su amor!

Bendito mi Señor y Dios,
Te quiero proclamar;
Decir al mundo en derredor
Tu nombre sin igual.

Dulce es tu nombre para mí,
Pues quita mi temor;
En él halla salud y paz
El pobre pecador.

Rompe cadenas del pecar;
Al preso librará;
Su sangre limpia al ser más vil,
¡Gloria a Dios, soy limpio ya!

AUTOR: CARLOS WESLEY, TRAD. ROBERTO H. DALKE
(TOMADO DE HIMNOS DE FE Y ALABANZA, #25).

Capítulo **2**

LA DOCTRINA DEL HOMBRE
LA CREACIÓN DEL HOMBRE

¿Por qué nos creó Dios?

¿Cómo nos hizo a su propia semejanza?

¿Cómo podemos agradarle en nuestra vida diaria?

EXPLICACIÓN Y BASE BÍBLICA

En los capítulos anteriores hemos considerado la naturaleza de Dios y su creación del universo, los seres espirituales que él creó, y sus relaciones con el mundo en términos de hacer milagros y responder a las oraciones. En esta sección, nos vamos a centrar en el pináculo de la actividad creativa de Dios, su creación de los seres humanos, tanto varón como mujer, para que fueran más semejantes a él que ninguna otra criatura que él había creado. Consideraremos primero el propósito de Dios al crear al hombre y la naturaleza del hombre como Dios le creó para que fuera (capítulos 2-4). Entonces examinaremos la naturaleza del pecado y la desobediencia del hombre (capítulo 5). Por último, examinaremos la iniciación del plan de Dios para la salvación del hombre y reflexionaremos sobre las relaciones del hombre con Dios en los pactos que él ha establecido (capítulo 6).

A. El uso de la palabra *hombre* para referirnos a la raza humana

Antes de meternos a considerar el tema de este capítulo, es necesario que consideremos brevemente si es apropiado usar la palabra *hombre* para referirnos a toda la raza humana (como aparece en el título de este capítulo). Algunas personas hoy objetan el uso de la palabra «hombre» para referirnos a la raza humana en general (incluyendo tanto a los hombres como a las mujeres), porque se afirma que ese uso es insensible hacia las mujeres. Los que presentan estas objeciones preferirían que usáramos solo expresiones neutrales tales como «humanidad», «género humano», «seres humanos» o «personas» para referirnos a la raza humana.

35

Después de considerar esta sugerencia, decidí continuar con el empleo de la palabra «hombre» (así como también con varios otros de estos términos) para referirme a la raza humana en este libro porque ese uso tiene justificación divina en Génesis 5, y porque pienso que está en juego una cuestión teológica. En Génesis 5:1-2 leemos: «El día que creó Dios al hombre, a semejanza de Dios los hizo. Varón y hembra los creó; y los bendijo, y llamó el nombre de ellos Adán, el día en que fueron creados» (RVR 1960, cf. Gn 1:27). El término hebreo que traducimos «hombre» es *adam*, que es el mismo que se usa para hablar de Adán, y el mismo término que se emplea a veces para referirse al hombre a fin de distinguirlo de la mujer (Gn 2:22, 25; 3:12; Ec 7:28). Por tanto, la práctica de usar el mismo término para referirse (1) a los seres humanos varones y (2) a la raza humana en general es una práctica que se originó con Dios mismo, y eso no debiéramos encontrarlo inaceptable ni insensible.

Alguien podría objetar que esto es un elemento accidental de la lengua hebrea, pero ese argumento no es convincente porque Génesis 5:2 describe específicamente la actividad de Dios de elegir un nombre que se aplicaría a toda la raza como un todo.

Yo no estoy argumentando aquí que debemos siempre duplicar las formas bíblicas de hablar, ni que sea equivocado usar a veces términos de género neutro para referirnos a toda la raza humana (como acabo yo de hacer en esta frase), sino más bien que la actividad de Dios de *poner nombre* en Génesis 5:2 indica que el uso de «hombre» para referirse a toda la raza es una elección buena y apropiada, y que no hay razón para evitarlo.[1]

La cuestión teológica es si hay alguna sugerencia de liderazgo varonil o de cabeza de familia desde el comienzo de la creación. El hecho de que Dios no eligiera llamar a la raza humana «mujer», sino «hombre», probablemente tiene algún significado para la comprensión del plan original de Dios para el hombre y la mujer.[2] Por supuesto, la cuestión del nombre que usamos para referirnos a la raza no es el único factor en esa consideración, pero es un factor, y nuestro uso del lenguaje en este sentido tiene algún significado en la reflexión de hoy sobre los papeles del hombre y la mujer.[3]

B. ¿Por qué creó Dios al hombre?

1. Dios no necesitaba crear al hombre, pero nos creó para su propia gloria. En las reflexiones sobre la independencia de Dios en *Quién es Dios* (pp. 52-54), notamos varios pasajes de las Escrituras que enseñan que Dios no nos necesita a nosotros ni al resto de la creación para nada, no obstante, nosotros y el resto de la creación le glorificamos y le producimos gozo. Puesto que había amor y comunión perfectos entre los *miembros* de la

---

[1] Sin embargo, la cuestión de si usar «hombre» para referirse a una persona indefinidamente, como «alguien» en «Si alguien quiere ser mi discípulo, que se niegue a sí mismo, lleve su cruz cada día y me siga» (Lc 9:23) es una situación diferente, porque el nombre de la raza humana no está presente. En estos casos, la consideración hacia las mujeres así como hacia los hombres, y las pautas de lenguaje de hoy, haría muy apropiado usar un lenguaje de género neutro, como lo han hecho siempre las versiones de la Biblia en español. El autor se está refiriendo aquí más bien a una situación que se da más en inglés que es español.

[2] Vea el capítulo 3, p. 49; también Raymond C. Ortlund, Jr, «Male-Female Equality and Mael Headship: Génesis 1–3», en *Recovering Biblical Manhood and Womanhood: A Response to Evangelical Feminism*, ed. John Piper and Wayne Grudem (Crossway, 1991, Wheaton, Ill, p. 98).

[3] Esto es probablemente también reconocido por muchos que presentan las mayores objeciones al uso del término «hombre» para referirse a la raza humana (es decir, feministas que se oponen a que el hombre sea la única cabeza en la familia).

Trinidad por toda la eternidad (Jn 17:2, 24), Dios no nos creó porque se sintiera solo ni porque necesitara compañerismo con otras personas. Dios no nos necesitaba a nosotros por ninguna razón.

No obstante, *Dios nos creó para su propia gloria*. En nuestro tratamiento de su independencia notamos que Dios habla de sus hijos e hijas de todas partes de la tierra como aquellos que él ha creado para su gloria (Is 43:7; cf. Ef 1:11-12). Por tanto, estamos llamados a hacer todo lo que hagamos «para la gloria de Dios» (1 Co 10:31).

Este hecho garantiza que nuestra vida es significativa. Cuando nos damos cuenta de que Dios no necesitaba crearnos y de que no nos necesita para nada, podíamos concluir que nuestras vidas no son importantes en absoluto. Pero las Escrituras nos dicen que fuimos creados para glorificar a Dios, lo que indica que somos importantes para Dios mismo. Esta es la definición suprema de la auténtica importancia o significado de nuestra vida: Si somos de verdad importantes para Dios por toda la eternidad, ¿qué mayor importancia o significado podríamos querer?

2. ¿Cuál es nuestro propósito en la vida? El hecho de que Dios nos creó para su gloria determina la respuesta correcta a la pregunta: «¿Cuál es nuestro propósito en la vida?». Nuestro propósito debe ser cumplir la razón por la que Dios no creó: Glorificarle a él. Cuando hablamos con respecto a Dios mismo, ese es un buen resumen de nuestro propósito. Pero cuando pensamos en nuestros propios intereses, nos encontramos con el feliz descubrimiento de que estamos para gozar a Dios y deleitarnos en él y en nuestra relación con él. Jesús dice: «Yo he venido para que tengan vida, y la tengan en abundancia» (Jn 10:10). David le dice a Dios: «Me *llenarás* de alegría en tu presencia, y de dicha eterna a tu derecha» (Sal 16:11). Él anhela morar en la casa del Señor para siempre, «para contemplar la hermosura del Señor» (Sal 27:4). Y Asaf exclamó:

> ¿A quién tengo en el cielo sino a ti?
>   Si estoy contigo ya nada quiero en la tierra.
> Podrán desfallecer mi cuerpo y mi espíritu,
>   pero Dios fortalece mi corazón;
>   él es mi herencia eterna. (Sal 73:25-26)

La plenitud del gozo se encuentra en el conocimiento de Dios y en deleitarse en la excelencia de su carácter. Estar en su presencia, gozar de su compañerismo, es una bendición más grande que cualquier cosa que podamos imaginar.

> ¡Cuán hermosas son tus moradas,
>   Señor Todopoderoso!
> Anhelo con el alma
>   los atrios del Señor …
> Con el corazón, con todo el cuerpo,
>   Canto alegre al Dios de la vida …

> Más vale pasar un día en tus atrios
> que mil fuera de ellos. (Sal 84:1-2, 10)

Por tanto, la actitud normal del cristiano es regocijarse en el Señor y en las lecciones de la vida que él nos da (Ro 5:2-3; Fil 4:4; 1 Ts 5:16-18; Stg 1:2; 1 P 1:6, 8; et al.).[4]

Al glorificar a Dios y gozarnos en él, las Escrituras nos dicen que él se goza en nosotros. Leemos: «Como un novio que se regocija por su novia, así tu Dios se regocijará por ti» (Is 62:5). Y Sofonías profetiza que el Señor «se deleitará en ti con gozo, te renovará con su amor, se alegrará por ti con cantos como en los días de fiesta» (Sof 3:17-18).

Este concepto de la doctrina de la creación del hombre tiene resultados muy prácticos. Cuando nos damos cuenta de que Dios nos ha creado para glorificarle, y cuando empezamos a actuar en formas que cumplen ese propósito, empezamos a experimentar una intensidad de gozo en el Señor que nunca antes habíamos conocido. Cuando le añadimos el concepto de que Dios mismo se regocija en nuestro compañerismo con él, nuestra alegría se convierte en «un gozo indescriptible y glorioso» (1 P 1:8).[5]

Alguien podría objetar que es erróneo que Dios busque gloria para sí mismo en la creación del hombre. Ciertamente es erróneo para los seres humanos buscar gloria para sí mismos, como vemos en el ejemplo impresionante de la muerte del rey Herodes Agripa I. Cuando este orgullosamente aceptó el clamor de la multitud: «¡Voz de un dios, no de hombre!» (Hch 12:22), «al instante un ángel del Señor lo hirió, porque no le había dado la gloria a Dios; y Herodes murió comido de gusanos» (Hch 12:23). Herodes murió porque le robó a Dios la gloria que solo él se merecía y Herodes no.

Pero cuando Dios toma la gloria para sí, ¿a quién se la está quitando? ¿Hay alguien que la merezca más de lo que se la merece él? ¡Ciertamente no! Él es el creador, él hizo todas las cosas, y se merece toda la gloria. Él es *digno* de recibir gloria. El *hombre* no debe buscar gloria para sí mismo, pero en este caso lo que está mal para el hombre está bien para Dios, porque él es el Creador. Es *bueno*, no malo, que él sea glorificado. Es más, si no recibiera gloria de parte de todas las criaturas en el universo, ¡eso sería horriblemente malo! Los veinticuatro ancianos alrededor del trono de Dios cantan continuamente:

> *Digno* eres, Señor y Dios nuestro,
> *de recibir la gloria*, la honra y el poder,
> porque tú creaste todas las cosas;
> por tu voluntad existen y fueron creadas. (Ap 4:11)

Pablo exclama: «Porque todas las cosas proceden de él, y existen por él y para él. ¡A él sea la gloria por siempre! Amén» (Ro 11:36). Cuando empezamos a apreciar la naturaleza de Dios como el Creador infinitamente perfecto que es digno de toda alabanza, nuestros corazones no descansan hasta que le damos gloria con todo nuestro «corazón ... alma ... mente ... y fuerzas» (Mr 12:30).

---

[4]La primera pregunta en el Catecismo de Westminster es: «¿Cuál es el fin principal y más elevado del hombre?». La respuesta es: «El fin principal y más elevado del hombre es glorificar a Dios, y gozarle a Él para siempre».

[5]Vea W. Grudem, *1 Peter*, p. 66.

C. El hombre creado a la imagen de Dios

1. El significado de «imagen de Dios». De todas las criaturas que Dios hizo, solo de una, el hombre, se dice que fue creado «a imagen de Dios».[6] ¿Qué significa esto? Podemos usar la siguiente definición: *El hecho de que el hombre está formado a la imagen de Dios quiere decir que el hombre es como Dios y representa a Dios.*

Cuando Dios dice: «*Hagamos* al hombre a *nuestra* imagen, conforme a nuestra semejanza» (Gn 1:26), el sentido es que Dios planeaba hacer una criatura similar a él. La palabra hebrea que se traduce «imagen» (*tselem*) y la palabra hebrea que se traduce «semejanza» (*demut*) se refieren a algo que es *similar*, pero no idéntico a aquello que representa o de lo que es una «imagen». La palabra *imagen* también se puede usar para denotar algo que representa otra cosa.[7]

Los teólogos han pasado mucho tiempo intentando especificar una característica del hombre, o unas pocas, en las que la imagen de Dios se ve principalmente.[8] Algunos han pensado que la imagen de Dios consiste en la capacidad intelectual del hombre, otros en su capacidad de tomar decisiones morales y su libre albedrío. Otros han pensando que la imagen de Dios se refiere a la pureza moral original del hombre, o a su creación como hombre y mujer (vea Gn 1:27), o a su dominio sobre la tierra.

En este estudio sería mejor que enfoquemos nuestra atención primariamente en los significados de las palabras «imagen» y «semejanza». Como ya hemos visto, estos términos tenían significados claros para los lectores originales. Cuando nos damos cuenta de que las palabras hebreas que se traducen «imagen» o «semejanza» simplemente informaban a los lectores originales que el hombre era *como* Dios, y que en muchas maneras *representaba* a Dios, gran parte de la controversia sobre el significado de «imagen de Dios» parece ser una búsqueda de un sentido demasiado estrecho o demasiado específico. Cuando las Escrituras nos dicen que Dios dijo: «Hagamos al hombre a nuestra imagen, conforme a nuestra semejanza» (Gn 1:26, RVR 1960), significaría sencillamente para los lectores originales: «Hagamos al hombre *como nosotros somos* y para que nos *represente*».

Debido a que «imagen» y «semejanza» tienen estos significados, las Escrituras no necesitaban decir algo como:

---

[6]La frase latina *imago Dei* significa «imagen de Dios» y aparece a veces empleada en diálogos teológicos en lugar de la frase en español «imagen de Dios». No la he usado en ninguna parte en este libro.

[7]La palabra *imagen (tselem)* significa un objeto similar a otro y que a menudo lo representa. Se usa para hablar de estatuas o réplicas de tumores o ratas (1 S 6:5, 11), de pinturas de soldados en la pared (Ez 23:14), y de ídolos paganos o de estatuas que representan deidades. (Nm 33:42; 2 R 11:18; Ez 7:20; 16:17; et al.).

La palabra *semejanza (demut)* también se refiere a un objeto similar a otro, pero tiende a usarse más frecuentemente en contextos donde se enfatiza más una idea de similitud que la idea de representación o sustitución (de un dios, por ejemplo). A los modelos o dibujos del altar que el rey Acaz vio en Damasco se les llama «semejanza» (2 R 16:10), así como a las figuras de bueyes debajo del altar de bronce (2 Cr 4:3-4), y las figuras de capitanes babilonios pintadas en la pared (Ez 23:15). En Sal 58:4 se dice que el veneno de los impíos es «semejante» al veneno de una serpiente, y aquí la idea es que son muy similares en sus características, pero no se piensa en una representación real o sustitución.

Toda esta evidencia indica que las palabras españolas *imagen* y *semejanza* son equivalentes muy exactos de los términos hebreos que traducen.

[8]Encontramos un resumen breve de varios puntos de vista en D. J. A. Clines, «The Image of God in Man», *TB* (1968), pp. 54-61. Millard Ericsson, *Christian Theology*, pp. 498-510, también nos ofrece un resumen útil de tres perspectivas principales de la imagen de Dios en el hombre que se han sostenido a lo largo de la historia de la iglesia: (1) la perspectiva substantiva, que identifica alguna cualidad particular del hombre (tales como la razón o la espiritualidad) como que es la imagen de Dios en el hombre (Lutero, Calvino, muchos de los primeros autores cristianos); (2) la perspectiva relacional, que sostiene que la imagen de Dios tiene que ver con nuestras relaciones interpersonales (Emil Brunner; también Kart Barth, quien vio la imagen de Dios específicamente en nuestra creación como hombre y mujer); y (3) la perspectiva funcional, que sostiene que la imagen de Dios tiene que ver con la función que llevamos a cabo, por lo general nuestro ejercicio de dominio sobre la creación (un punto de vista sociniano que también sostienen algunos escritores modernos, como Norman Snaith y Leonard Verduin).

El hecho de que el hombre esté creado en la imagen de Dios quiere decir que el hombre es como Dios en las siguientes formas: Habilidad intelectual, pureza moral, naturaleza espiritual, dominio sobre la tierra, creatividad, habilidad para tomar decisiones éticas e inmortalidad [o alguna otra declaración similar].

Una explicación así es innecesaria, no solo porque los términos tenían unos significados claros, sino también porque una lista así no podría hacer justicia al tema: el texto solo necesita afirmar que el hombre es *como* Dios, y el resto de las Escrituras nos aportan más detalles para explicarlo. De hecho, al leer nosotros el resto de las Escrituras, comprendemos que el entendimiento completo de la semejanza del hombre con Dios requeriría una comprensión completa de *quién es Dios* en su ser y en sus acciones y una comprensión completa de *quién es el hombre* y de lo que hace. Cuanto más conozcamos a Dios y al hombre tantas más similitudes reconoceremos, y tanto mejor entenderemos lo que las Escrituras quieren decir cuando afirmann que el hombre está hecho a la imagen de Dios. Esa expresión se refiere a toda forma en la que el hombre es como Dios.

Este concepto de lo que significa que el hombre está creado a la imagen de Dios queda reforzado por la similitud entre Génesis 1:26, donde Dios declara su intención de crear al hombre a su imagen y semejanza, y Génesis 5:3: «Cuando Adán llegó a la edad de ciento treinta años, tuvo un hijo a su imagen [*tselem*] y semejanza [*demut*], y lo llamó Set». Set no era idéntico a Adán, pero era como él en muchos sentidos, como un hijo es semejante a su padre. El texto simplemente significa que Set era como Adán. No especifica una serie de formas en que Set era como Adán, y sería demasiado restrictivo para nosotros afirmar que una u otra característica determinaba la manera en que Set era la imagen y semejanza de Adán. ¿Eran sus ojos castaños? ¿O su pelo ensortijado? ¿Sería quizá su aspecto fornido y atlético, o su disposición seria, o su fuerte temperamento? Por supuesto, tales especulaciones serían de poca ayuda. Es evidente que *toda* manera en la cual Set era como Adán era una parte de su semejanza con Adán y por tanto sería a la «imagen» de Adán. Del mismo modo, *toda* forma en que el hombre es como Dios es parte del hecho de ser a la imagen y semejanza de Dios.

2. La Caída: la imagen de Dios queda distorsionada, pero no se ha perdido. Podemos preguntarnos si todavía podíamos pensar que el hombre pudo seguir siendo *como Dios* después de haber pecado. La pregunta se responde bastante pronto en Génesis cuando Dios le da a Noé la autoridad de establecer la pena de muerte por el delito de matar a otros seres humanos después del diluvio. Dios dijo: «Si alguien derrama la sangre de un ser humano, otro ser humano derramará la suya, porque el ser humano *ha sido creado a la imagen de Dios mismo*» (Gn 9:6). Aunque los hombres son pecaminosos, hay todavía suficiente semejanza a Dios en ellos para que matar a otra persona («derramar sangre» es la expresión en el Antiguo Testamento que quiere decir destruir la vida humana) sea atacar la parte de la creación de Dios que más se asemeja a Dios, e indica un intento o deseo (si fuéramos capaces de ello) de atacar a Dios mismo.[9] El hombre todavía es a la imagen de

---

[9]Para un análisis detallado de este pasaje, vea John Murray, *Principles of Conduct* (Eerdmans, Grand Rapids, 1957), pp. 109-13.

Dios. El Nuevo Testamento nos lo confirma cuando Santiago 3:9 dice que las personas en general, no solo los creyentes, están «creadas a imagen de Dios».

Sin embargo, puesto que el hombre ha pecado, no es ya tan completamente como Dios como lo fue antes. Su pureza moral se ha perdido y su carácter pecaminoso no refleja para nada la santidad de Dios. Su intelecto está corrompido por la falsedad y el mal entendimiento; su forma de hablar no glorifica siempre a Dios; y sus relaciones están con frecuencia gobernadas por el egoísmo más que por el amor, y así sucesivamente. Aunque el hombre todavía conserva la imagen de Dios, en cada aspecto de la vida *algunas* partes de esa imagen han quedado distorsionadas o perdidas. En resumen, «Dios hizo al hombre recto, pero ellos buscaron muchas perversiones» (Ec 7:29, RVR 1960). Después de la Caída, entonces, todavía conservamos la imagen de Dios —todavía somos como Dios y lo representamos—, pero la imagen de Dios en nosotros está distorsionada; ya no somos tan completamente como Dios como lo fuimos antes de que entrara el pecado.

Por tanto, es importante que entendamos el sentido pleno de imagen de Dios no solo partiendo de nuestra observación de los seres humanos como existen hoy, sino también desde las indicaciones bíblicas de la naturaleza de Adán y Eva cuando Dios los creó y cuando todo lo que había hecho «era muy bueno» (Gn 1:31). La verdadera naturaleza del hombre en la imagen de Dios también la pudimos ver en la vida terrenal de Cristo. La medida plena de la excelencia de nuestra humanidad no la veremos de nuevo en la vida en la tierra hasta que Cristo vuelva y hayamos obtenido todos los beneficios de la salvación que él ganó para nosotros.

3. La redención en Cristo: una recuperación progresiva de más de la imagen de Dios. Sin embargo, es alentador volvernos al Nuevo Testamento y ver que nuestra redención en Cristo significa que podemos, incluso en esta vida, crecer progresivamente a una cada vez mayor semejanza a Dios. Por ejemplo, Pablo dice que como cristianos tenemos una «nueva naturaleza, que se va renovando en conocimiento a imagen de su Creador» (Col 3:10). A medida que obtenemos un conocimiento verdadero de Dios, de su Palabra y de su mundo, empezamos a pensar más y más los pensamientos que Dios mismo piensa. En esta manera nos vamos «renovando en conocimiento» y nos hacemos más a la semejanza de Dios en nuestro pensamiento. Esta es una descripción de un curso ordinario de la vida cristiana. De manera que Pablo también pudo decir: «Todos nosotros [...] reflejamos como en un espejo la gloria del Señor, somos transformados a su semejanza [lit. «imagen», gr. *eikon*]» (2 Co 3:18).[10] A lo largo de esta vida, a medida que crecemos en madurez cristiana crecemos en una mayor semejanza con Dios. Más particularmente, crecemos en la semejanza a Cristo en nuestra vida y en nuestro carácter. De hecho, la meta para la cual Dios nos ha redimido es que podamos ser «transformados según la imagen de su Hijo» (Ro 8:29) y ser exactamente como Cristo en nuestro carácter.

4. Al regreso de Cristo: completa restauración de la imagen de Dios. La promesa asombrosa del Nuevo Testamento es que así como hemos sido semejantes a Adán (sujetos a

---

[10]En este versículo Pablo dice específicamente que somos seres transformados a la imagen de Cristo, pero luego cuatro versículos más tarde dice Cristo es la imagen de Dios (2 Co 4:4, ambos versículos usan *eikon*).

la muerte y el pecado), seremos también semejantes a Cristo (moralmente puros, nunca más sujetos a la muerte): «Y así como hemos llevado la imagen de aquel hombre terrenal, llevaremos también la imagen del celestial» (1 Co 15:49).[11] La medida plena de nuestra creación a la imagen de Dios no se ve en la vida de Adán que pecó, ni tampoco en nuestra vida ahora, porque somos imperfectos. Pero el Nuevo Testamento hace hincapié en que el propósito de Dios al crear al hombre a su imagen quedó realizado completamente en la persona de Cristo Jesús. Él mismo «es la imagen de Dios» (2 Co 4:4); «él es la imagen del Dios invisible» (Col 1:15). En Jesús vemos la semejanza a Dios como era la intención que fuera, y debiéramos regocijarnos en el hecho de que Dios nos haya predestinado para «*ser transformados según la imagen de su Hijo*» (Ro 8:29; cf. 1 Co 15:49): «Sabemos, sin embargo, que cuando Cristo venga *seremos semejantes a él*» (1 Jn 3:2).

5. Aspectos específicos de nuestra semejanza con Dios. Aunque hemos razonado arriba que sería difícil definir todas las maneras en las cuales somos como Dios, podemos, no obstante, mencionar varios aspectos de nuestra existencia que muestran que somos más como Dios que todo el resto de la creación.[12]

a. Aspectos morales: (1) somos criaturas moralmente responsables ante Dios por nuestras acciones. En correspondencia con esa responsabilidad, tenemos (2) un sentido interno de lo que es bueno y es malo que nos distingue de los animales (que tienen muy poco, si es que alguno, de sentido innato de moralidad o justicia, sino que simplemente responden al temor del castigo o a la esperanza de la recompensa). Cuando actuamos conforme a las normas de Dios, nuestra semejanza a Dios se refleja en (3) un comportamiento que es santo y justo delante de él, pero, por contraste, nuestra *de*semejanza con Dios se refleja siempre que pecamos.

b. Aspectos espirituales: (4) tenemos no solo cuerpos físicos, sino también espíritus inmateriales, y podemos, por tanto, actuar en formas que son significativas en la esfera inmaterial, espiritual, de la existencia. Esto significa que tenemos (5) una vida espiritual que nos capacita para relacionarnos con Dios como personas, orar y alabarle, y oírle hablarnos sus palabras.[13] Ningún animal puede jamás pasar una hora en oración de intercesión por la salvación de un familiar o amigo. Relacionado con esta vida espiritual está el hecho de que tenemos (6) inmortalidad; no cesaremos de existir, sino que viviremos para siempre.

c. Aspectos mentales: (7) tenemos una capacidad para razonar y pensar lógicamente y aprender que nos separa del mundo animal. Los animales a veces muestran un comportamiento notable para resolver laberintos o problemas en el mundo físico, pero ellos

---

[11]La palabra griega del Nuevo Testamento para «imagen» (*eikon*) tiene un significado similar al de la que se usa en el Antiguo Testamento (vea arriba). Indica que algo es similar o muy parecido a lo que representa. Un uso interesante es una referencia a una imagen de César en una moneda romana. Jesús preguntó a los fariseos: «¿De quién son esta imagen (gr. *eikon* «imagen») y esta inscripción?». Ellos contestaron: «Del César» (Mt 22:20-21). Esa imagen se asemejaba al César y le representaba. (La palabra griega *homoioma*, «semejanza», no se usa en el Nuevo Testamento para referirse al hombre a la semejanza de Dios.)

[12]Sin embargo, los ángeles también comparten un grado significativo de la semejanza con Dios en varios de estos aspectos.

[13]Aunque esto no es un aspecto separado de nuestra semejanza con Dios, el hecho de que nosotros hemos sido redimidos por Cristo nos separa en una forma absoluta de toda otra criatura que Dios ha creado. Esta es más bien una consecuencia de haber sido hechos a la imagen de Dios y del amor de Dios por nosotros, no tanto una parte de lo que significa estar en su imagen.

ciertamente no se involucran en razonamientos abstractos. No hay tal cosa como una «historia de la filosofía canina», por ejemplo, ni tampoco ningún animal desde la creación se ha desarrollado para nada en la comprensión de problemas éticos o el uso de conceptos filosóficos, etc. Ningún grupo de chimpancés se sentará jamás alrededor de una mesa para argumentar acerca de la doctrina de la Trinidad o los méritos relativos del calvinismo o del arminianismo. De hecho, aun en el desarrollo de las habilidades físicas o técnicas somos muy diferentes de los animales: los castores todavía edifican la misma clase de represas que han estado edificando por miles de generaciones, los pájaros todavía construyen la misma clase de nidos, y las abejas todavía forman la misma clase de colmenas. Pero nosotros seguimos desarrollando mayor habilidad y complejidad en la tecnología, en la agricultura, en la ciencia y en casi cada campo de actividad.

(8) Nuestro uso de lenguaje abstracto y complejo nos separa de los animales. Yo le podía decir a mi hijo, cuando tenía cuatro años, que fuera a buscar un destornillador grande y rojo a mi banco de trabajo en el sótano. Aun cuando él nunca lo hubiera visto, podía cumplir fácilmente con la tarea porque conocía el significado de «ir», «buscar», «destornillador», «grande», «rojo», «banco de trabajo» y «sótano». Él podía haber hecho lo mismo si le pedía un martillo pequeño y marrón o un recipiente negro al lado del banco de trabajo u otra docena de cosas que quizá nunca había visto antes, pero que podía visualizarlas cuando se las describía mediante unas pocas palabras. Ningún chimpancé ha sido capaz de hacer eso en toda la historia: realizar una tarea que no había aprendido mediante repetición y recompensa, sino mediante el uso sencillo de unas pocas palabras para referirse a un artículo que él nunca antes había oído ni visto. No obstante, un niño de cuatro años puede hacer esto con regularidad y no pensamos que sea algo extraordinario. La mayoría de los niños de ocho años pueden escribir una carta inteligible a sus abuelos describiendo un viaje al parque zoológico o pueden trasladarse a un país extranjero y aprender otra de las muchas lenguas en el mundo, y pensamos que es algo muy normal. Pero ningún animal escribirá jamás una carta así a sus abuelos ni recitará un verbo en francés en tiempo presente, pasado y futuro, ni leerá un cuento de detectives, ni entenderá el significado de un solo versículo de la Biblia. Los niños hacen todas estas cosas con normalidad y de manera rutinaria, y al hacerlo muestran que están viviendo en un nivel tan superior al de todo el reino animal que nos preguntamos cómo a alguien se le ocurre pensar que nosotros somos solo otra clase de animales.

(9) Otra diferencia mental entre los humanos y los animales es que tenemos cierta conciencia del futuro distante, aun el sentido interno de que viviremos más allá del tiempo de nuestra muerte física, un sentido que lleva a las personas a desear intentar estar a bien con Dios antes de morir (Dios «ha puesto eternidad en el corazón de ellos», Ec 3:11).

(10) Nuestra semejanza con Dios la vemos también en nuestra creatividad humana en cuestiones como el arte, la música y la literatura, y en la capacidad de invención en las ciencias y la tecnología. No debiéramos pensar que esa capacidad está restringida a músicos o artistas mundialmente famosos, sino que se refleja también de una forma encantadora en las escenificaciones realizadas por los niños, en la habilidad reflejada en la cocina o decoración de los hogares, o en los jardines, o en la inventiva de alguien que arregla algo que no estaba funcionando correctamente.

Los aspectos ya mencionados de la semejanza con Dios han mostrado formas en las que nos diferenciamos *absolutamente* de los animales, no solo en grado. Pero hay otras áreas en las que somos diferentes de los animales en un grado significativo, y que también muestran nuestra semejanza a Dios.

(11) En la cuestión de las emociones, nuestra semejanza con Dios presenta también una gran diferencia en el grado y complejidad de las emociones. Por supuesto, los animales también exhiben algunas emociones (todo el que ha poseído un perro puede recordar, por ejemplo, expresiones evidentes de gozo, tristeza, temor al castigo cuando hizo algo mal, enojo cuando otro animal invadía su territorio, contentamiento y afecto). Pero en la complejidad de emociones que nosotros experimentamos, una vez más somos muy diferentes del resto de la creación. Después de ver un partido de baloncesto de mi hijo, me puedo sentir simultáneamente triste porque su equipo perdió, contento porque él jugó muy bien, orgulloso porque se comportó como un buen deportista, agradecido porque Dios me había dado un hijo y por el gozo de verle crecer, gozoso por el canto de alabanza que había estado sonando en mi mente durante toda la tarde, y preocupado porque íbamos a llegar tarde a la cena. Es muy dudoso que un animal experimente nada que se acerque a esta complejidad de sentimientos y emociones.

d. Aspectos relacionales: además de nuestra capacidad única de relacionarnos con Dios (estudiado arriba), hay otros aspectos relacionales de estar creados a la imagen de Dios. (12) Aunque no hay duda de que los animales tienen cierto sentido de comunidad entre ellos, la profundidad de la armonía interpersonal experimentada en el matrimonio humano, en la familia humana cuando funciona conforme a los principios de Dios, y en la iglesia cuando una comunidad de creyentes está caminando en comunión con el Señor y unos con otros, es mucho más grande que la armonía interpersonal experimentada por cualquier especie animal. En nuestras relaciones familiares y en la iglesia, somos incluso superiores a los ángeles, quienes no se casan ni tienen hijos ni viven en la compañía de hijos e hijas redimidos por Dios.

(13) En el matrimonio mismo reflejamos la naturaleza de Dios en el hecho de que como hombres y mujeres tenemos igualdad en importancia, pero papeles diferentes desde el tiempo en que Dios nos creó (vea las reflexiones en el capítulo 3).

(14) El hombre es como Dios también en sus relaciones con el resto de la creación. Específicamente, el hombre ha recibido el derecho de dominio sobre la creación, y cuando Cristo regrese se le dará también la autoridad de sentarse a juzgar a los ángeles (1 Co 6:3; Gn 1:26, 28; Sal 8:6-8).

e. Aspectos físicos: ¿hay algún sentido en el cual nuestros cuerpos humanos son también parte de lo que significa haber sido hechos a la imagen de Dios? Ciertamente no debiéramos pensar que nuestros cuerpos físicos implican que Dios mismo tiene un cuerpo, porque «Dios es espíritu» (Jn 4:24), y es pecado pensar en él o representarlo en una manera que implicaría que él tiene un cuerpo material o físico (vea Éx 20:4; Sal 115:3-8; Ro 1:23).[14] Pero aunque nuestros cuerpos físicos no debieran tomarse en ninguna forma para

---

[14]Vea también el estudio sobre la espiritualidad de Dios en *Quién es Dios*, pp. 76-78, 83-84

implicar que Dios tiene un cuerpo físico, ¿hay todavía algunas formas en que nuestros cuerpos reflejan algo del propio carácter de Dios y por tanto constituyen parte de lo que significa ser creado a la imagen de Dios? Eso es cierto en algunas cosas. Por ejemplo, nuestros cuerpos físicos nos proporcionan la posibilidad de ver con nuestros ojos. Esta es una cualidad que nos dio el Señor porque Dios mismo ve, y ve mucho más de lo que nosotros jamás veremos, aunque él no lo hace con ojos físicos como los nuestros. Nuestros oídos nos dan la capacidad de oír, y esta es una capacidad semejante a la de Dios, aunque Dios no tiene oídos físicos. Nuestras bocas nos proporcionan la capacidad de hablar, lo que refleja el hecho de que Dios es un Dios que habla. Nuestros sentidos de gusto, tacto y olfato nos dan la capacidad de entender y disfrutar la creación de Dios, lo que refleja el hecho de que Dios mismo entiende y disfruta su creación, aunque en una forma muy superior a como nosotros lo hacemos.

Es importante que reconozcamos que es el *hombre* el que ha sido creado a la imagen de Dios, no solo su espíritu y su mente. Ciertamente nuestros cuerpos físicos son una parte muy importante de nuestra existencia y, cuando sean transformados al regreso de Cristo, seguirán siendo una parte de nuestra existencia por toda la eternidad (vea 1 Co 15:43-45; 51-55). Nuestros cuerpos, por tanto, han sido creados por Dios como instrumentos apropiados para representar en una forma física nuestra naturaleza humana, la cual fue hecha para ser como la propia naturaleza de Dios. De hecho, casi todo lo que hacemos —nuestros pensamientos, nuestros juicios morales, nuestras oraciones y alabanzas, nuestras demostraciones de amor y de preocupación por los demás— lo llevamos a cabo usando los cuerpos físicos que Dios nos ha dado. Por tanto, si somos cuidadosos en señalar que no estamos diciendo que Dios tenga un cuerpo físico, podemos decir que (15) nuestros cuerpos físicos reflejan también en varias maneras algo del carácter de Dios. Además, muchos de nuestros movimientos físicos y demostraciones de las habilidades que nos dio el Señor tienen lugar por medio del uso de nuestros cuerpos. Y ciertamente (16) la capacidad física que Dios nos dio de engendrar y criar hijos que son como nosotros (vea Gn 5:3) es un reflejo de la facultad de Dios de crear seres humanos que son como él.

Especialmente en estos últimos aspectos, estas diferencias entre los seres humanos y el resto de la creación no son *diferencias absolutas*, pero son con frecuencia diferencias importantes en grado sumo. Ya hemos mencionado que hay alguna clase de emoción que los animales experimentan. Hay cierta experiencia de autoridad en las relaciones donde las comunidades de animales tienen líderes cuya autoridad aceptan los demás del grupo. Además, hay *cierta* similitud aun en esas diferencias cuando pensamos de forma más absoluta: los animales son capaces de razonar hasta cierto punto y pueden comunicarse unos con otros en varias formas que en un sentido primitivo podemos llamar «lenguaje». Esto no debiera sorprendernos: si Dios creó toda la creación con el fin de que reflejara su carácter en varias formas, esto es lo que debiéramos esperar. De hecho, los animales más complejos y altamente desarrollados son más *como* Dios que las formas animales inferiores. Por tanto, no debiéramos decir que *solo* el hombre refleja alguna semejanza con Dios, porque de alguna forma u otra toda la creación refleja alguna semejanza con Dios.[15] Pero

---

[15]Vea en *Quién es Dios*, pp. 49-51, el estudio de los nombres de Dios y la manera en que la naturaleza de Dios se refleja en toda la creación.

es todavía importante reconocer que *solo el hombre*, en toda la creación, es tan semejante a Dios que se puede decir que fue creado «a la imagen de Dios». Esta afirmación bíblica, junto con los mandamientos bíblicos de que tenemos que imitar a Dios en nuestra vida (Ef 5:1; 1 P 1:16), y los hechos observables que podemos reconocer al mirarnos a nosotros mismos y al resto de la creación, indican que somos *mucho más como Dios* que todo el resto de la creación. En algunos aspectos las diferencias son absolutas, y en otros son relativas, pero en todos los casos son significativas.

Por último, nuestra apreciación de las maneras en que somos semejantes a Dios puede aumentar al comprender que, a diferencia del resto de la creación, tenemos la capacidad de crecer para llegar a ser *más como Dios* a lo largo de nuestra vida. Nuestro sentido moral puede desarrollarse mucho más por medio del estudio de las Escrituras y la oración. Nuestro comportamiento moral puede reflejar más y más la santidad de Dios (2 Co 7:1; 1 P 1:16; et al.). Nuestra vida espiritual puede enriquecerse y profundizarse. Nuestro uso de la razón y del lenguaje puede llegar a ser más exacto y verdadero y que honre más a Dios. Nuestro sentido del futuro se puede intensificar al ir creciendo en nuestra esperanza de vivir con Dios para siempre. Nuestra futura existencia puede enriquecerse al ir acumulando tesoros en el cielo y buscar aumentar nuestro galardón celestial (vea Mt 6:19-21; 1 Co 3:10-15; 2 Co 5:10). Nuestra habilidad para dominar sobre la creación puede ampliarse mediante el uso fiel de los dones que Dios nos ha dado; nuestra fidelidad a los propósitos que nos señaló Dios al crearnos como hombres y mujeres pueden aumentarse al seguir nosotros los principios bíblicos en nuestras familias; nuestra creatividad puede ser empleada en formas que agraden cada vez más a Dios; nuestras emociones pueden conformarse más y más a las pautas de las Escrituras de manera que lleguemos a ser como David, un hombre «conforme a su corazón» (1 S 13:14). Nuestra armonía interpersonal en nuestras familias y en la iglesia puede reflejar más y más la unidad que existe entre las personas en la Trinidad. Al procurar nosotros conscientemente crecer en una semejanza cada vez mayor con Dios en todas estas áreas, también demostramos una habilidad que también nos separa por sí misma del resto de la creación.

6. Nuestra gran dignidad como portadores de la imagen de Dios. Sería muy bueno que reflexionáramos con más frecuencia en nuestra semejanza a Dios. Probablemente nos asombrará darnos cuenta de que cuando el Creador del universo quería crear algo «a su semejanza», algo *más como él* que el resto de toda la creación, nos creó a nosotros. El darnos cuenta de esto nos da un profundo sentido de dignidad y de importancia al reflexionar en la excelencia de todo el resto de la creación: el universo estrellado, la tierra abundante, el mundo de las plantas y de los animales y el reino angelical son extraordinarias, aun magníficas. Pero somos más como nuestro Creador que cualquiera de esas cosas. Somos la culminación de esa obra de Dios infinitamente sabia y bella que es la creación. Aunque el pecado ha dañado bastante esa semejanza, reflejamos ahora mucho de ella y lo reflejaremos más aún al crecer en la semejanza a Cristo. Con todo, debemos recordar que aunque somos seres caídos, el hombre tiene la *posición* de haber sido creado a la imagen de Dios (vea análisis de Gn 9:6 arriba). Cada ser humano, por estropeada que esté la imagen de Dios en él por causa del pecado, de la enfermedad, la debilidad, la edad o cualquier otra circunstancia, todavía tiene la *posición* de creado a la imagen de Dios y, por tanto, debe ser tratado con la dignidad y el respeto que se debe a los portadores de la imagen de Dios. Esto tiene profundas implicaciones para nuestra conducta hacia otras personas. Esto significa que los individuos de todas las razas merecen igualdad de dignidad y derechos. Quiere decir que los ancianos, los enfermos graves, los discapacitados mentales, los niños aún no nacidos, merecen completo honor y protección como seres humanos. Si alguna vez negamos nuestra posición única en la creación como portadores de la imagen de Dios, muy pronto empezaremos a menospreciar el valor de la vida humana, tenderemos a ver a los humanos solo como una forma superior de los animales, y empezaremos a tratarnos unos a otros como tales. Perderemos mucho de nuestro sentido de significado en la vida.

PREGUNTAS DE APLICACIÓN PERSONAL

1. Según las Escrituras, ¿cuál debe ser el propósito principal de nuestra vida? Si usted piensa en los compromisos y metas principales de su vida en el tiempo presente (con respecto a las amistades, el matrimonio, la educación, el trabajo, el uso del dinero, las relaciones de iglesia, etc.), ¿está usted actuando como si sus metas fueran las que especifican las Escrituras? ¿O tiene usted algunas otras metas que ha seguido (quizá sin haberlo decidido conscientemente)? Al pensar en el modelo de su diario funcionamiento, ¿cree usted que Dios se agrada y se regocija en ello?

2. ¿Cómo le hace sentirse el pensar que usted, como ser humano, es más semejante a Dios que cualquier otra criatura en el universo? ¿Cómo le lleva ese conocimiento a querer actuar?

3. ¿Piensa usted que hay criaturas en alguna parte del universo que son más inteligentes o más como Dios? ¿Qué es lo que nos indica el hecho de que Jesús se hiciera hombre, en vez de otra criatura, en cuanto a la importancia de los seres humanos ante los ojos de Dios?

4. ¿Piensa usted que Dios nos ha creado a fin de que seamos más felices o menos felices al crecer y hacernos más semejantes a él? Al examinar la lista de formas en que podemos ser más semejantes a Dios, ¿puede usted mencionar una o dos áreas en las que el crecimiento a la semejanza de Dios le ha proporcionado un gozo creciente en su vida? ¿En qué le gustaría progresar más en semejanza a Dios?

5. ¿Los creados a la imagen de Dios son solo los cristianos o lo son todas las personas? ¿Cómo le hace sentirse eso en cuanto a sus relaciones con los que no son cristianos?

6. ¿Piensa usted que nuestro concepto de la imagen de Dios podría llevarnos a cambiar la manera en que pensamos y actuamos en cuanto a las personas de otras razas, los ancianos, los débiles o la gente menos atractiva del mundo?

TÉRMINOS ESPECIALES

imagen de Dios   semejanza
imago Dei

BIBLIOGRAFÍA

Barclay, D. R. «Creation». En *NDT*, pp. 177-79.

Berkouwer, G. C. *Man: The Image of God.* Eerdmans, Grand Rapids, 1962.

Boston, Thomas. *Human Nature in Its Fourfold State.* Banner of Truth, Londres, 1964 (primero publicado en 1720).

Ferguson, S. B. «Image of God». En *EDT*, pp. 328-29

Henry, C. F. H. «Image of God». En *EDT*, pp. 545-48

Hoekema, Anthony A. *Created in God's Image.* Eerdmans, Grand Rapids, y Paternoster, Exeter, pp. 1-111. En español, *Creados a imagen de Dios.* Grand Rapids, Mich: Libros Desafío, 2005.

Hughes, Philip Edgcumbe. *The True Image: The Origin and Destiny of Man in Christ.* Eerdmans, Grand Rapids, e Inter-Varsity Press, Leicester, 1989, pp. 1-70.

Kline, Meredith G. *Images of the Spirit.* Baker, Grand Rapids, 1980.

Laidlaw, John. *The Bible Doctrine of Man.* T. & T. Clark,, Edimburgo, 1905.

Machen, J. Gresham. *The Christian View of Man.* Banner of Truth, 1965 (reimpresión de la edición de 1937).

McDonald, H. D. «Man, Doctrine of». En *EDT*, pp. 676-80.

_____. *The Christian View of Man.* Crossway, Westchester, Ill, 1981

Robinson, H.W., *The Christian Doctrine of Man,* 3a edición. T. & T. Clark,Edimburgo, 1926.

PASAJE BÍBLICO PARA MEMORIZAR

Génesis 1:26-27: *... y dijo: «Hagamos al ser humano a nuestra imagen y semejanza. Que tenga dominio sobre los peces del mar, y sobre las aves del cielo; sobre los animales domésticos, sobre los animales salvajes, y sobre todos los reptiles que se arrastran por el suelo». Y Dios creó al ser humano a su imagen; lo creó a imagen de Dios. Hombre y mujer los creó.*

HIMNO

«¡Oh amor que excede a todos!»

> ¡Oh amor que excede a todos,
> Don del Padre celestial,
> Pon corona a tus mercedes
> Y entre nos ven a morar!
>
> Eres tú, Jesús bendito,
> Todo amor y compasión;
> Baja al corazón que sufre,
> Tráenos tu salvación.
>
> ¡Ven, amor, a cada vida,
> Mueve toda inclinación;
> Guárdanos del mal deseo
> Y de andar en tentación!
>
> Tú el Alfa y Omega,
> Sé de todo nuestro ser;
> Que tu gracia nos proteja
> y sostenga nuestra fe.
>
> ¡Oh amor, no te separes
> de la iglesia terrenal;
> Únela estrechamente
> con el lazo fraternal!
>
> Perfecciona cada miembro,
> Ilumina nuestro andar,
> Y que el alma se complazca
> En tu nombre proclamar.

AUTOR: CARLOS WESLEY, TRAD. J. R. DE BALLOCH.
(TOMADO DEL HIMNARIO BAUTISTA, # 338)

EL HOMBRE COMO VARÓN Y HEMBRA

¿Por qué creó Dios dos sexos? ¿Pueden los hombres y las mujeres ser iguales y a la vez tener papeles diferentes?

EXPLICACIÓN Y BASE BÍBLICA

Notamos en el capítulo anterior que un aspecto de la creación del hombre a la imagen de Dios es su creación como varón y hembra: «Y creó Dios al hombre a su imagen, a imagen de Dios lo creó; *varón y hembra los creó*» (Gn 1:27, RVR 1960). Encontramos la misma relación entre la creación a la imagen de Dios y la creación como varón y hembra en Génesis 5:1-2: «El día que creó Dios al hombre, a semejanza de Dios lo hizo. Varón y hembra los creó; y los bendijo y los llamó el nombre de ellos Adán, el día en que fueron creados (RVR 1960)».[1] Aunque la creación del hombre como varón y hembra no es la única forma en que somos a la imagen de Dios, es un aspecto bastante significativo de nuestra creación a la imagen de Dios que las Escrituras mencionan en el mismo versículo en el que se describe la creación inicial del hombre. Podemos resumir las formas en que nuestra creación como varón y hembra representan algo de nuestra creación a la imagen de Dios de la siguiente manera:

La creación del hombre como varón y hembra muestra la imagen de Dios en (1) la armonía de las relaciones interpersonales, (2) la igualdad en personalidad e importancia, y (3) la diferencia en papel y autoridad.[2]

---

[1] Sobre la cuestión de usar o no la palabra *hombre* para referirnos a los seres humanos en general (tanto varones como hembras), vea el capítulo 2, pp. 34-35.

[2] Para un estudio más amplio de las implicaciones teológicas de la diferenciación de varón-hembra en Génesis 1-3, vea la obra de Raymond C. Ortlund, hijo, «Male-Female Equality and Male Headship: Génesis 1–3», en *Recovering Biblical Manhood and Womanhood: A Response to Evangelical Feminism*, ed. por John Piper y Wayne Grudem, p. 98. Me he basado en el análisis del doctor Ortlund en varios puntos de este capítulo.

A. Relaciones personales

Dios no creó a los seres humanos para que fueran personas aisladas, sino que al crearnos a su imagen, nos hizo de tal forma que podemos obtener unidad interpersonal de varias clases en todas las formas de la sociedad humana. La unidad interpersonal puede ser especialmente profunda en la familia humana y también en la familia espiritual, la iglesia. Entre los hombres y las mujeres, la unidad interpersonal llega a su expresión más plena en esta era durante el matrimonio, donde el esposo y la esposa llegan a ser, en un sentido, dos personas en una: «Por tanto, dejará el hombre a su padre y a su madre, y se unirá a su mujer, y serán una sola carne» (Gn 2:24, RVR 1960). Esta unidad no es solo una unidad física; es también una unidad espiritual y emocional de profundas dimensiones. Un hombre y una mujer cuando se unen en matrimonio son personas que «Dios ha unido» (Mt 19:6). La unión sexual con otra persona que no es su propio esposa o esposo es un pecado especialmente ofensivo para el propio cuerpo de uno (1 Co 6:16, 18-20), y, dentro del matrimonio, esposos y esposas ya no tienen dominio exclusivo sobre sus propios cuerpos, sino que lo comparten con sus cónyuges (1 Co 7:3-5). El «esposo debe amar a su esposa como a su propio cuerpo» (Ef 5:28). La unión entre esposos no es temporal, sino para toda la vida (Mal 2:14-16; Ro 7:2), y no es algo trivial, sino una relación profunda creada por Dios a fin de representar las relaciones entre Cristo y su iglesia (Ef 5:23-32).

El hecho de que Dios creó dos personas distintas como varón y hembra, más bien que solo un hombre, es parte del hecho de que somos imagen de Dios porque puede ser visto como un reflejo hasta cierto punto de la pluralidad de personas dentro de la Trinidad. En el versículo anterior al que habla de nuestra creación como varón y hembra, vemos la primera indicación explícita de una pluralidad de personas dentro de Dios: «Hagamos al hombre a nuestra imagen, conforme a nuestra semejanza, y señoree...» (Gn 1:26, RVR 1960). Hay aquí algo de similitud: así como había compañerismo y comunicación, y participación en la gloria, entre los miembros de la Trinidad antes de que el mundo fuera hecho (vea Jn 17:5, 24, y el capítulo 7 de *Quién es Dios*, sobre la Trinidad), Dios también hizo a Adán y Eva en tal forma que ellos compartieran amor y comunicación, y se dieran honor mutuo en sus relaciones interpersonales. Por supuesto, tal reflejo de la Trinidad llegaría a expresarse de distintas maneras dentro de la sociedad humana, pero existiría ciertamente desde el principio en esa íntima unidad interpersonal del matrimonio.

Alguien podría objetar que tal representación de la pluralidad de personas en Dios no es en realidad completa, porque Dios es tres personas en una, mientras que creó a Adán y Eva como solo dos personas en una. Si Dios tenía la intención de que nosotros reflejáramos la pluralidad de personas en la Trinidad, ¿por qué no creó tres personas en vez de dos que pudieran reflejar la unidad interpersonal entre los miembros de la Trinidad? Primero, debemos concordar en que este hecho muestra que la analogía entre el matrimonio y la Trinidad no es exacta. Segundo, aunque no podemos estar seguros de por qué Dios no hizo algo cuando las Escrituras no dicen explícitamente esas razones, podemos sugerir dos posibles motivos: (1) el hecho que Dios es tres en uno mientras que Adán y Eva eran dos en uno puede ser un recordatorio de que la propia excelencia de Dios es mucho mayor que la nuestra, que él posee una pluralidad y una unidad muy superiores a las que nosotros, como criaturas, podemos poseer. (2) Aunque la unidad no es exactamente la misma, la unidad en una familia entre marido, mujer e hijos refleja hasta cierto grado la unidad interpersonal y, a la vez, la diversidad de personas entre los miembros de la Trinidad.

Puede surgir una segunda objeción del hecho de que Jesús mismo fue soltero, que Pablo era soltero en el tiempo cuando era apóstol (y quizá antes), y que Pablo en 1 Corintios 7:1, 7-9 parece decir que es mejor para los cristianos no casarse. Si el matrimonio es una parte tan importante de nuestra reflexión de la imagen de Dios, ¿por qué Jesús y Pablo no se casaron, y por qué Pablo anima a otros a que no lo hagan?

Para Jesús, la situación es única, porque él es tanto Dios como hombre, y Señor soberano de toda la creación. Más bien que unirse en matrimonio con un solo ser humano, él ha tomado a toda la iglesia como su esposa (vea Ef 5:23-32) y goza con cada miembro de su iglesia una unidad espiritual y emocional que durará por toda la eternidad.

La situación con Pablo y su consejo a los cristianos corintios es de alguna forma diferente. Pablo no está diciendo que sea malo casarse (vea 1 Co 7:28, 36), sino que visualiza el matrimonio como algo que es bueno, correcto y un privilegio al que se puede renunciar por amor del reino de Dios: «Pienso que, a causa de la crisis actual, es bueno que cada persona se quede como está [...] Lo que quiero decir, hermanos, es que nos queda poco tiempo [...] porque este mundo, en su forma actual, está por desaparecer» (1 Co 7:26, 29, 31). De esta forma, Pablo renuncia a la manera en la que él podía reflejar la semejanza con Dios para dedicarse a avanzar los propósitos de Dios para el mundo (es decir, en su obra para la iglesia). Por ejemplo, pensaba que su evangelización y discipulado era como dar a luz «hijos» espirituales y nutrirlos en el Señor (vea 1 Co 4:14, donde llama a los corintios «hijos míos amados»; también Gá 4:19; 1 Ti 1:2; Tit 1:4). Además, toda la obra de edificar la iglesia era un proceso para llevar a miles de personas a glorificar a Dios reflejando el carácter divino en sus vidas de una forma más completa. Por otra parte, debemos darnos cuenta de que el matrimonio no es la única forma en que se puede reflejar la unidad y diversidad de la Trinidad en nuestra vida. Se refleja también en la unión de los creyentes en la comunión de la iglesia, y en el genuino compañerismo de iglesia en el que las personas solteras (como Pablo y Jesús) y los que están casados pueden tener relaciones interpersonales que reflejen la naturaleza de la Trinidad. Por tanto, edificar la iglesia e incrementar su unidad y pureza también promueve el reflejo del carácter de Dios en el mundo.

B. Igualdad en personalidad e importancia

Así como los miembros de la Trinidad son iguales en su importancia y en su existencia plena como miembros distintivos (vea el capítulo 7 de *Quién es Dios*), también a los hombres y a las mujeres Dios los creó para ser iguales en importancia y personalidad. Cuando Dios creó al hombre, «varón y hembra los creó» en su imagen (Gn 1:27; 5:1-2). Los hombres y las mujeres fueron creados *como iguales a la imagen de Dios*, y ambos reflejan el carácter de Dios en la vida. Esto significa que debiéramos ver aspectos del carácter de Dios reflejado en la vida de cada uno de los dos. Si vivimos en una sociedad compuesta solo por hombres cristianos o una sociedad compuesta solo de mujeres cristianas, no obtendríamos un cuadro completo del carácter de Dios como cuando vemos hombres y mujeres cristianos juntos en sus diferencias complementarias y reflejando la belleza del carácter de Dios.

Pero si somos iguales en cuanto a la imagen de Dios, ciertamente los hombres y las mujeres son *igualmente importantes* e *igualmente valiosos* para Dios. Tenemos un valor igual ante él por toda la eternidad. El hecho de que las Escrituras dicen que lo mismo los hombres que las mujeres han sido creados «a la imagen de Dios» debiera excluir todo sentimiento de orgullo o inferioridad y cualquier idea de que nuestro sexo es «mejor» o «peor» que el otro. En particular, en contraste con muchas culturas y religiones no cristianas, nadie debiera sentirse desilusionado o inferior porque es mujer.[3] Si Dios piensa que somos de igual valor, eso arregla el asunto, porque la evaluación de Dios es el verdadero estándar de valor personal por toda la eternidad.

Cuando Pablo dice en 1 Corintios 11:7 que «el hombre no debe cubrirse la cabeza, ya que es imagen y gloria de Dios, mientras que la mujer es gloria del hombre», no está negando que la mujer fue creada a la imagen de Dios. Solo está diciendo que hay diferencias entre los hombres y las mujeres que debieran reflejarse en la manera en que se visten y actúan en las reuniones de la congregación. Una de esas diferencias es que el hombre en relación con la mujer tiene un papel particular en representar a Dios o en mostrar cómo es Dios, y la mujer en esa relación muestra la excelencia del hombre del cual fue ella formada. Pero en ambos casos Pablo continúa enfatizando su interdependencia (vea vv. 11-12).

Nuestra igualdad como personas delante de Dios, que refleja la igualdad de las personas de la Trinidad, debiera llevar de forma natural a los hombres y mujeres a honrarse el uno al otro. Proverbios 31 presenta un cuadro bello del honor que se da a una mujer piadosa:

> Mujer ejemplar, ¿dónde se hallará?
>   ¡Es más valiosa que las piedras preciosas!
> Sus hijos se levantan y la felicitan;
>   también su esposo la alaba.
> Muchas mujeres han realizado proezas,
>   pero tú las superas a todas.
> Engañoso es el encanto y pasajera la belleza;
>   la mujer que teme al Señor es digna de alabanza.
>   (Pr 31:10, 28-30)

Del mismo modo, Pedro les dice a los esposos que cada uno debe tratar a su esposa con respeto (1 P 3:7), y Pablo recalca: «En el Señor, ni la mujer existe aparte del hombre ni el hombre aparte de la mujer. Porque así como la mujer procede del hombre, también

---

[3]En la pasada década las agencias de noticias nos han informado de prácticas comunes en China donde los padres de una niña recién nacida la dejaban con frecuencia que muriera con el fin de poder intentar de nuevo tener un hijo bajo las normas estrictas de China de «una pareja, un hijo». En contraste con la perspectiva bíblica de igualdad en importancia para hombres y mujeres, esa práctica no solo resulta en la pérdida de vidas humanas inocentes, sino que también le grita con fuerza a cada mujer de esa sociedad que ella es menos valiosa que el hombre. (En otras sociedades en las que los padres piensan en secreto que es mejor tener un hijo que una hija están mostrando también que no han entendido bien la enseñanza bíblica del hecho de que las mujeres y los hombres son completamente iguales en valor a los ojos de Dios.)

el hombre nace de la mujer; pero todo proviene de Dios» (1 Co 11:11, 12). Los hombres y las mujeres son igualmente importantes; ambos dependen el uno del otro; ambos son dignos de honor.

La igualdad en personalidad con la que los hombres y las mujeres fueron creados la vemos enfatizada en una forma nueva en la iglesia del nuevo pacto. En Pentecostés vemos el cumplimiento de la profecía de Joel en la que Dios promete:

> Derramaré mi Espíritu sobre todo el género humano.
> Los *hijos* y las *hijas* de ustedes profetizarán,
> ... En esos días derramaré mi Espíritu
> aun sobre mis *siervos* y mis siervas, y profetizarán.
> (Hch 2:17-18; citando Jl 2:28-29)

El Espíritu Santo se derrama sobre la iglesia con un nuevo poder, y los hombres y las mujeres reciben dones para ministrar en formas extraordinarias. Los dones espirituales son distribuidos a todos los hombres y mujeres, comenzando en Pentecostés y continuando a lo largo de la historia de la iglesia. Pablo considera a cada cristiano un miembro valioso del cuerpo de Cristo, porque «a cada uno se le da una manifestación especial del Espíritu para el bien de los demás» (1 Co 12:7). Después de mencionar varios dones, dice: «Todo esto lo hace un mismo y único Espíritu, quien reparte *a cada uno* según él lo determina» (1 Co 12:11). Pedro también, al escribir a muchas iglesias esparcidas por toda Asia Menor, dice: «*Cada uno* ponga al servicio de los demás el don que haya recibido, administrando fielmente la gracia de Dios en sus diversas formas» (1 P 4:10). Estos textos no enseñan que todos los creyentes tengan los mismos dones, pero sí dicen que los hombres y las mujeres tendrán dones valiosos para el ministerio de la iglesia, y que debiéramos esperar que estos sean distribuidos amplia y liberalmente a hombres y mujeres.

Parece, por tanto, que no tiene sentido preguntar: «¿Quiénes oran con más eficacia, los hombres o las mujeres?» o «¿Quién puede cantar mejor las alabanzas a Dios, los hombres o las mujeres?» o «¿Quién tiene mayor sensibilidad espiritual y profundidad de relación con Dios?». No podemos responder a ninguna de estas preguntas. Los hombres y las mujeres son iguales en su capacidad para recibir en el nuevo pacto el poder del Espíritu Santo. A lo largo de la historia de la iglesia ha habido tanto grandes hombres como mujeres. Ambos han sido grandes guerreros de oración, y han prevalecido sobre los poderes y reinos terrenales y fortalezas espirituales mediante la autoridad del Señor Jesucristo.[4]

La igualdad ante Dios se recalca aún más en la iglesia del nuevo pacto en la ceremonia del bautismo. En Pentecostés, los hombres y las mujeres que creyeron fueron bautizados: «Los que recibieron su mensaje fueron bautizados, y aquel día se unieron a la iglesia unas tres mil personas» (Hch 2:41). Esto es significativo, porque en el antiguo

---

[4] Quizá la respuesta a la pregunta: «¿Quién ora mejor?» o «¿Quién puede alabar a Dios mejor?» debiera ser: «Los dos juntos». Aunque hay mucho valor en que los hombres se reúnan para orar juntos o que las mujeres se junten para orar, no hay nada más rico y más completo que todo el compañerismo del pueblo de Dios, tanto de hombres y mujeres, e incluso sus hijos que son suficientemente mayores para entender y participar, reunidos juntos para orar en la presencia de Dios. «Cuando llegó el día de Pentecostés, *estaban todos juntos en el mismo lugar*» (Hch 2:1). «Cuando lo oyeron, *alzaron unánimes la voz* en oración a Dios» (Hch 4:24). Pedro «fue a casa de María, la madre de Juan, apodado Marcos, donde muchas personas estaban reunidas orando» (Hch 12:12).

pacto, la señal de membresía del pueblo de Dios era la circuncisión, que la recibían solo los hombres. La nueva señal de membresía del pueblo de Dios, la señal del bautismo, que se da tanto a los hombres como a las mujeres, es una evidencia adicional de que ambos debieran ser vistos como miembros plenos e iguales del pueblo de Dios.

Pablo también hace hincapié en la igualdad en posición entre los hijos de Dios en Gálatas: «Todos los que han sido bautizados en Cristo se han revestido de Cristo. Ya no hay judío ni griego, esclavo ni libre, *hombre ni mujer*, sino que todos ustedes son uno solo en Cristo Jesús» (Gá 3:27-28). Pablo está aquí subrayando el hecho de que ninguna clase de personas, tales como el pueblo judío que procedía de Abraham por descendencia física, o los hombres libres que disponían de un poder legal y económico superior, podía reclamar una posición especial o privilegio en la iglesia. Los esclavos no debieran pensar que son inferiores a los hombres y mujeres libres, ni los hombres libres debieran pensar que son superiores a los esclavos. Los judíos no debieran pensar que eran superiores a los griegos, ni los griegos pensar que eran inferiores a los judíos. Del mismo modo, Pablo quiere asegurarse de que los hombres no adoptaran las mismas actitudes de las culturas que los rodeaban, o incluso algunas de las actitudes del judaísmo del primer siglo, o pensar que ellos tenían mayor importancia que las mujeres o que eran de valor superior para Dios. Tampoco debieran las mujeres pensar que eran inferiores o menos importantes en la iglesia. Los hombres y las mujeres, los judíos y los griegos, los esclavos y los libres son iguales en importancia y valor para Dios e iguales en membresía en el cuerpo de Cristo, la iglesia, por toda la eternidad.

En términos prácticos, nunca pensemos que hay ciudadanos de segunda clase en la iglesia. Lo mismo si es hombre o mujer, empresario o empleado, judío o gentil, negro o blanco, rico o pobre, sano o enfermo, débil o fuerte, atractivo o no atractivo, extremadamente inteligente o lento para aprender, todos son igualmente valiosos para Dios y debiéramos ser también igualmente valiosos unos para otros. Esta igualdad es un elemento asombroso y maravilloso de la fe cristiana y pone al cristianismo en un nivel diferente al de todas las otras religiones, sociedades y culturas. La verdadera dignidad de la condición del hombre y la mujer puede alcanzar plena realización solo en obediencia a la sabiduría redentora de Dios que encontramos en las Escrituras.

C. Las diferencias en funciones

1. Las relaciones entre la Trinidad y el varón como cabeza en el matrimonio. Entre los miembros de la Trinidad ha habido una igualdad en importancia, personalidad y deidad a lo largo de la eternidad. Pero también ha habido diferencias en las funciones de los miembros de la Trinidad.[5] Dios el Padre ha sido siempre el Padre y se ha relacionado con el Hijo como un Padre se relaciona con su Hijo. Aunque los tres miembros de la Trinidad son iguales en poder y en todos los otros atributos, el Padre tiene una autoridad mayor. Él posee una función de liderazgo entre todos los miembros de la Trinidad que el Hijo y el Espíritu Santo no tienen. En la creación, el Padre habla e inicia, pero la obra de la creación

---

[5]Vea *Quién es Dios*, 139-44, sobre las diferentes funciones entre los miembros de la Trinidad.

se lleva a cabo por medio del Hijo y es sostenida por medio de la presencia continua del Espíritu Santo (Gn 1:1-2; Jn 1:1-3; 1 Co 8:6; Heb 1:2). En la redención, el Padre envía al Hijo al mundo, y el Hijo viene y es obediente al Padre y muere para pagar por nuestros pecados (Lc 22:42; Fil 2:6-8). Después que el Hijo ha ascendido al cielo, el Espíritu Santo viene para equipar y capacitar a la iglesia (Jn 16:7; Hch 1:8; 2:1-36). El Padre no viene a morir por nuestros pecados, ni tampoco el Espíritu Santo. El Padre no fue derramado sobre la iglesia en Pentecostés en el poder del nuevo pacto, ni tampoco el Hijo. Cada miembro de la Trinidad tiene papeles o funciones distintivas. Las diferencias en funciones y autoridad entre los miembros de la Trinidad son por tanto completamente coherentes con la igualdad de importancia, personalidad y deidad.

Si los seres humanos son reflejos del carácter de Dios, es lógico esperar diferencias similares en las funciones entre los seres humanos, incluso en relación con la más básica de todas las diferencias entre los seres humanos, la diferencia entre el hombre y la mujer. Y esto es ciertamente lo que encontramos en el texto bíblico. Pablo plantea este paralelismo explícito cuando dice: «Ahora bien, quiero que entiendan que Cristo es cabeza de todo hombre, mientras que *el hombre es cabeza de la mujer y Dios es cabeza de Cristo*» (1 Co 11:3). Aquí vemos una distinción en autoridad que pudiera representarse en la figura 3.1.

Así como Dios el Padre tiene autoridad sobre el Hijo, aunque los dos son iguales en deidad, lo mismo sucede en el matrimonio: el esposo tiene autoridad sobre la esposa, aunque ambos son iguales en personalidad.[6] En este caso, la función del hombre es como la de Dios el Padre, y el papel de la mujer es paralelo al de Dios el Hijo. Ambos son iguales en importancia, pero tienen diferentes funciones. En el contexto de 1 Corintios 11:2-16, Pablo ve esto como una base para decirles a los corintios que lleven la clase de vestimenta que es apropiada para los hombres y las mujeres de aquel tiempo, a fin de que las distinciones entre los hombres y las mujeres puedan ser evidentes exteriormente en la asamblea cristiana.[7]

---

[6]Algunos han sugerido que la palabra «cabeza» en 1 Corintios 11:3 significa «fuente» y no tienen nada que ver con autoridad en el matrimonio. Por ejemplo, cuando Pablo se refiere al uso de la palabra «cabeza» para decir que «Cristo es la cabeza de todo hombre, mientras que el hombre es cabeza de la mujer y Dios es cabeza de Cristo» (1 Co 11:3), Gordon Fee dice que «la comprensión de Pablo de la metáfora, por tanto, y casi ciertamente la única que los corintios entenderían, es "cabeza" como "fuente" especialmente como "fuente de vida"» (*The First Epistle to the Corinthians*, NIC [Eerdmans, Grand Rapids, 1987], p. 503).

Asimismo, la declaración: «Men, Women and Biblical Equality», publicada como un anuncio en *CT*, 9 abril 1990, pp. 36-37, dice: «La función del esposo como "cabeza" hay que entenderla como un amor y servicio que se da a sí mismo dentro de esta relación de mutua sumisión (Ef 5:21-33; Col 3:19; 1 P 3:7)» (p. 1, párrafo 11). De modo que ellos entienden «cabeza» como «fuente» (de amor y servicio), no como «autoridad sobre».

Para una respuesta a esta interpretación y un análisis de por qué la palabra «cabeza» aquí debe significar «autoridad sobre», no «fuente», vea W. Grudem, «Does *Kephale* ("Head") means "Source" o "Authority over" in Greek Literature? A Survey of 2,336 Examples», *TrinJ* 6, n.s. (primavera 1985), pp. 38-59, y W. Grudem, «The Meaning of Kephale ("Head"): A Response to Recent Studies», *TrinJ* 11, n.s. (Spring 1990), pp. 3-72, reimpreso en *Recovering Biblical Manhood and Womanhood: A response to Evangelical Feminism*, pp. 425-68). Vea también Joseph Fitzmyer «Another Look at Kephale in 1 Co 11:3», *NTS* 35 (1989), pp. 503-11. Aun en los pocos ejemplos que algunos han afirmado que «cabeza» podría significar «fuente» cuando se aplica a una persona, la persona es *siempre* alguien en autoridad. Nunca se han encontrado ejemplos contrarios a esto en la antigua literatura griega.

[7]El hecho de que cubrirse la cabeza era una forma de vestir que distinguía a las mujeres de los hombres en el primer siglo en Corinto significa que Pablo indicó a las mujeres que llevaran la cabeza cubierta en el templo. Pero esto no significa que la mujer debiera cubrirse la cabeza en lugares y culturas donde no sea una señal distintiva de ser mujer. La aplicación contemporánea sería que las mujeres debieran vestirse de forma que se vea que son mujeres y los hombres que se note que son hombres, en la manera apropiada en que esas formas se expresan en cada sociedad. ¡Pablo no está a favor de ropas *unisex*! Para más información, vea Thomas R. Schreiner, «Head Coverings, Prophecies and the Trinity: 1 Corinthians 11:2-16», en *Recovering Biblical Manhood and Womanhood*, pp. 124-39.

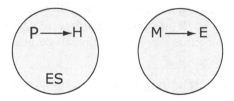

LA IGUALDAD Y LAS DIFERENCIAS EN LA TRINIDAD SE REFLEJAN EN LA IGUALDAD Y LAS DIFERENCIAS EN EL MATRIMONIO
Figura 3.1

2. Indicaciones de la distinción de funciones antes de la Caída. ¿Pero eran estas distinciones entre los papeles del varón y la hembra parte de la creación original de Dios, o vinieron después como parte del castigo de la Caída? Cuando Dios le dijo a Eva: «Desearás a tu marido, y él te dominará» (Gn 3:16), ¿fue ese el momento cuando Eva empezó a estar sujeta a la autoridad de Adán?

La idea de que las diferencias en autoridad aparecieron solo después de que el pecado entrara en el mundo ha sido promovida por varios escritores, tales como Aida B. Spencer[8] y Gilbert Bilezikian.[9] Bilezikian dice: «Debido a que es un resultado de la Caída, el dominio de Adán sobre Eva se ve como satánico, no menos que la muerte misma».[10]

Sin embargo, si examinamos el texto del relato de la creación en Génesis, vemos varias indicaciones de *diferencias de papeles* entre Adán y Eva *aun desde antes de que el pecado entrara en el mundo.*

a. Adán fue creado primero, después Eva. El hecho de que Dios creó primero a Adán, y después de un cierto tiempo creó a Eva (Gn 2:7, 18-23), sugiere que Dios veía a Adán con una función de liderazgo en la familia. No se menciona para nada un procedimiento así en dos etapas para ninguno de los animales que Dios creó, pero aquí parece tener un propósito especial. La creación de Adán primero es coherente con el patrón del Antiguo Testamento de la «primogenitura», la idea de que el que nació primero en cada generación en la familia humana tiene el liderazgo en la familia para esa generación. El derecho de la primogenitura se da por entendido a lo largo del texto del Antiguo Testamento, aun en momentos cuando debido a los propósitos especiales de Dios se vende el derecho a la primogenitura o se transfiere a una persona más joven (Gn 25:27-34; 35:23; 38:27-30; 49:3-4; Dt 21:15-17; 1 Cr 5:1-2). El «derecho de primogenitura» le pertenece al hijo que ha nacido primero y le corresponde a menos que aparezcan circunstancias especiales que cambien ese hecho.[11] El apoyo para decir que estamos en lo correcto al ver un propósito en que Dios formara primera a Adán, y que ese propósito refleja una distinción permanente en

---

[8]*Beyond de Curse*, 2ª ed. (Thomas Nelson, Nashville, 1985), pp. 20-42.
[9]*Beyond Sex Roles* (Baker, Grand Rapids, 1985), pp. 21-58.
[10]Ibíd, p. 58.
[11]Algunos objetan que esto no sería apropiado en la narración de Génesis, porque los animales fueron creados antes que Adán, y esto daría a los animales autoridad para dominar sobre los humanos (así piensa Bilezikian,

Beyond Sex Roles, p. 257, n. 13). Pero esta objeción olvida que el principio de la primogenitura solo tiene lugar entre los seres humanos y es, de hecho, limitado a los de una misma familia. (Bilezikian plantea otras objeciones [pp. 255-57], pero no toma en cuenta el apoyo que el Nuevo Testamento da a este entendimiento de Génesis 2 en 1 Timoteo 2:13).

las funciones que Dios ha dado a los hombres y las mujeres, lo encontramos 1 Timoteo 2:13, donde Pablo usa el hecho de que «primero fue formado Adán, y Eva después» como una razón para restringir algunas funciones distintivas de gobierno y enseñanza en la iglesia para los hombres.

b. Eva fue hecha como ayuda idónea para Adán. Las Escrituras especifican que Dios hizo a Eva para Adán, no a Adán para Eva. Dios dijo: «No es bueno que el hombre esté solo. *Voy a hacerle una ayuda adecuada*» (Gn 2:18). Pablo ve en esto suficiente importancia para basar un requisito de que hubiera diferencias entre hombres y mujeres en la adoración. Dice: «Ni tampoco fue creado el hombre a causa de la mujer, *sino la mujer a causa del hombre*» (1 Co 11:9). Esto no debiera tomarse como que implica menor importancia, pero sí indica que había una diferencia de funciones desde el principio.

Recientemente algunos escritores han negado que la formación de Eva como una ayuda idónea para Adán indique alguna diferencia en función o autoridad, porque la palabra ayuda (heb., *ezer*) se usa a menudo en el Antiguo Testamento acerca de alguien que es mayor o más poderoso que la persona que está siendo ayudada.[12] De hecho, la palabra *ayuda* se usa en el Antiguo Testamento para referirse a Dios mismo que ayuda a su pueblo. Pero la realidad es que cuando alguien «ayuda» a otro, ya sea en el Antiguo Testamento hebreo o en nuestro uso moderno de la palabra *ayuda*, en la tarea específica que se está haciendo, la persona que ayuda está ocupando una posición subordinada o inferior en relación con la persona que recibe la ayuda. Esto es cierto cuando yo «ayudo» a un muchacho de mi barrio a arreglar su bicicleta. Es su responsabilidad y su tarea, yo solo estoy echando una mano según se necesita; no es mi responsabilidad. David Clines concluye que este es el caso a lo largo de todo el Antiguo Testamento hebreo.

Mi conclusión es que, a la vista de todas las veces que aparece en la Biblia hebrea, aunque los superiores pueden ayudar a los inferiores, los fuertes a los débiles, los dioses pueden ayudar a los humanos, en el acto de ayudar ellos están siendo «inferiores». Es decir, se están sometiendo a sí mismos a una posición inferior, subordinada. Su ayuda puede ser necesaria o crucial, pero están ayudando en una tarea que es la responsabilidad de otra persona. Ellos mismos no están en realidad haciendo la tarea, ni siquiera en cooperación, porque hay un lenguaje diferente para eso. Ser de ayuda no es la forma hebrea de ser iguales.[13]

Otra objeción es que el término hebreo que traducimos «adecuada» (idónea) en Génesis 2:18 implica que Eva era más bien superior a Adán, porque el término en realidad significa «delante de».[14] Raymond C. Ortlund señala correctamente que el término hebreo no puede significar «superior a», o en Salmos 119:168 tendríamos al salmista diciéndole a Dios: «Todos mis caminos son *superiores* a los tuyos». Cuando en realidad está diciendo: «Tú conoces mis caminos o conducta».[15]

---

[12]Vea Aida B. Spencer, *Beyond the Curse*, pp. 23-39.

[13]David J. A. Clines, «What Does Eve Do to Help? And Other Irredeemably Androcentric Orientations in Genesis 1–3», trabajo escrito leído en la reunion annual de la Society of Biblical Literature, el 7 diciembre 1987, en Boston Massachusetts.

[14]También Aida Spencer, *Beyond the Curse*, pp. 23-26. Ella dice: «El texto hebreo indica incluso que la mujer está "delante del" hombre o "sobre" él» (p. 26).

[15]Ortlund, «Male-Female Equality», pp. 103-4; cf. BDB, p. 617, 2ª.

c. Adán le puso el nombre a Eva. El hecho que Adán le pusiera nombre a todos los animales (Gn 2:19-20) indica su autoridad sobre el reino animal, porque en el pensamiento del Antiguo Testamento el derecho de ponerle nombre a alguien implica autoridad sobre esa persona (esto lo vemos cuando Dios les dio nombres a Abraham y Sara, y cuando los padres les ponen el nombre a sus hijos). Dado que un nombre hebreo designaba el carácter o función de alguien, Adán estaba especificando las características o funciones de los animales que él nombraba.

Por tanto, cuando Adán le llamó Eva a la mujer, diciendo: «Se llamará "mujer" porque del hombre fue sacada» (Gn 2:23), indicaba también la función de liderazgo que él tenía.[16] Esto es cierto antes de la Caída, donde Adán le pone a su esposa el nombre de «mujer», y es cierto después de la Caída, cuando «el hombre llamó Eva a su mujer, porque ella sería la madre de todo ser viviente» (Gn 3:20).[17] Algunos han objetado que Adán en realidad no llamó Eva a la mujer antes de la Caída.[18] Pero ciertamente llamar «mujer» a su esposa (Gn 2:23), del mismo modo que llamó a todas las demás criaturas por su nombre (Gn 2:19-20), es darle a ella un nombre. El hecho que las madres a veces les ponen nombres a sus hijos en el Antiguo Testamento no contradice la idea de que el dar nombre representaba autoridad, puesto que tanto las madres como los padres tienen autoridad sobre sus hijos.

d. Dios nombró a la raza humana «hombre», no «mujer». El hecho de que Dios le puso a la raza humana el nombre de «hombre», en vez de «mujer» o algún término de género neutro lo explicamos en el capítulo 2.[19] Génesis 5:2 especifica que eso sucedió en el «día en que creó Dios al hombre [...] varón y hembra los creó [...] y llamó el nombre de ellos Adán [hombre]». Nombrar a toda la raza humana con el término que también se refiere en particular a Adán, u hombre en vez de mujer, sugiere que la función de liderazgo le corresponde al hombre. Esto es similar a la costumbre de la mujer de tomar el apellido del esposo cuando ella se casa, como se hace en Estados Unidos: significa que él es el cabeza de familia.

e. La serpiente se acercó primero a Eva. Satanás, después de haber pecado, intentaba distorsionar y socavar todo lo que Dios había planeado y creado como bueno. Es probable que Satanás (en la forma de una serpiente), al acercarse a Eva primero, estaba intentando instituir un cambio en los papeles al intentar que Eva asumiera el liderazgo en la desobediencia a Dios (Gn 3:1). Esto contrasta fuertemente con la manera en que Dios se acercó a ellos, porque cuando él les habló, se dirigió a Adán primero (Gn 2:15-17; 3:9). Pablo parece tener en mente esta alteración en el papel de liderazgo cuando dice: «No fue Adán el engañado, sino la mujer; y ella, una vez engañada, incurrió en pecado» (1 Ti 2:14). Esto al menos sugiere que Satanás, al ir primero a la mujer, estaba tratando de socavar el modelo de liderazgo del hombre que Dios había establecido en el matrimonio.

---

[16]Vea la reflexión en Ortlund, «Male-Female Equality», pp. 102-3.

[17]Gerhard von Rad dice: «Recordémonos a nosotros mismos una vez más que el dar nombres en el Antiguo Oriente era sobre todo un ejercicio de soberanía, o de ordenar» (*Genesis: A Commentary*, ed. rev. Westminster,

Filadelfia, 1972, p. 83).

[18]Vea Bilezikian, *Beyond Sex Roles*, pp. 260-61.

[19]Vea pp. 34-35.

f. Dios le habló a Adán primero después de la Caída. Del mismo modo que Dios le habló a Adán mismo aun antes de que Eva fuera creada (Gn 2:15-17), después de la Caída, aunque fue Eva la que pecó primero, Dios se acercó primero a Adán y le llamó para que explicara sus acciones: «Pero Dios el Señor llamó al hombre y le dijo *"¿Dónde estás?"*» (Gn 3:9). Dios pensó que era a Adán, el líder de su familia, al que tenía que llamar primero para que rindiera cuentas por lo que había sucedido en la familia. Es significativo que aunque esto es después de que el pecado tuviera lugar, es antes de que Dios le dijera a Eva: «Y él te dominará», según Génesis 3:16, donde algunos escritores dicen que empezó la función del hombre como cabeza.

g. Adán, no Eva, representaba a la raza humana. Aunque Eva pecó primero (Gn 3:6), somos contados como pecadores por causa del pecado de Adán, no del pecado de Eva. El Nuevo Testamento nos dice: «*En Adán todos* mueren» (1 Co 15:22; cf. v. 49), y «por la transgresión de un solo hombre murieron todos» (Ro 5:15; cf. vv. 12-21). Esto indica que Dios le había dado a Adán la tarea de ser cabeza o líder en relación con la raza humana, un papel que no le dio a Eva.

h. La maldición causó una distorsión de las funciones anteriores, no el comienzo de nuevos papeles. En los castigos que Dios dio a Adán y Eva, no asignó nuevos papeles o funciones, sino que simplemente el pecado dio lugar al dolor y la distorsión en las funciones que ya tenían. Es decir, Adán tendría la responsabilidad primaria de labrar la tierra y cultivar las cosechas, pero la tierra le daría «cardos y espinos» y con el sudor de su frente comería pan (Gn 3:18, 19). Asimismo, Eva tendría todavía la responsabilidad de concebir hijos, pero sería un proceso doloroso: «Multiplicaré tus dolores en el parto, y darás a luz tus hijos con dolor» (Gn 3:16). Como resultado del pecado aparece también el conflicto y el dolor en la relación entre Adán y Eva, que antes había sido armoniosa. Dios dijo a Eva: «*Desearás* a tu marido, y él te dominará» (Gn 3:16). Susan Foh ha argumentado muy bien que esta palabra «desearás» (hebreo, *teshuqah*) significa «desear para conquistar», y que indica que Eva tenía el deseo ilegítimo de usurpar la autoridad de su esposo.[20] Si esta explicación de la palabra «desearás» es correcta, como parece serlo, estaría entonces indicando que Dios estaba introduciendo *conflicto* en las relaciones entre Adán y Eva y el deseo de parte de Eva de rebelarse contra la autoridad de Adán.

En lo concerniente a Adán, Dios le dijo a Eva: «Él te dominará» (Gn 3:16). Aquí la palabra «dominará» (hebreo, *mashal*) es un término fuerte que se usa generalmente para hablar del gobierno monárquico, no de la autoridad dentro de la familia.[21] La palabra no

---

[20]Vea Susan T. Foh, «What is the Woman's Desire?» en *WTJ*, vol. 37 (1975), pp. 376-83. Foh indica que esta misma palabra hebrea aparece en una declaración bastante similar unos pocos versículos después, cuando Dios le dice a Caín: «El pecado está a la puerta; con todo esto, a ti será su deseo, y tú te enseñorearás de él» (n. 4:7, RVR 1960). El paralelismo en el texto hebreo entre estos dos versículos es bastante notable: seis palabras (contando conjunciones y preposiciones) son exactamente las mismas, y en el mismo orden. Otros cuatro nombres y pronombres están en la misma posición y tienen la misma función en la frase, pero difieren solo porque las partes involucradas son diferentes. Pero en esa frase el «deseo» que el pecado tiene por Caín es sin duda un *deseo por vencerlo y conquistarlo*, como es evidente por la imagen del animal que acecha a la puerta esperando que salga. El

único otro ejemplo de esta palabra hebrea lo encontramos en Cantar de los Cantares 7:10, donde su significado no es claro, pero donde el sentido de «deseo de tener dominio sobre» es posible (note la progresión en el Cantares 2:16; 6:3; 7:10). No he podido encontrar ningún otro caso de esa palabra en la literatura hebrea antigua, aunque Foh sí señala hacia ciertos paralelismos en lenguajes semíticos relacionados para apoyar su argumento. (Es improbable que la palabra signifique «deseo sexual», porque eso no empezó con la Caída, y no sería parte de la maldición de Dios.)

[21]Vea Dt 15:6: «Dominarás a muchas naciones, pero ninguna te dominará a ti»; Pr 22:7: «Los ricos son los amos de los pobres; los deudores son esclavos de sus acreedores»; Jue 14:4; 15:11 (de los filisteos dominando a Israel); también Gn 37:8; Pr 12:24; et al.

implica ciertamente ninguna «participación» de los gobernados en el gobierno, sino más bien contiene los matices del uso de la autoridad dictatorial, absoluta e indiferente, en lugar de un gobierno considerado y cuidadoso. Sugiere dureza más que amabilidad. El sentido aquí es que Adán usaría mal su autoridad al *gobernar con severidad* sobre su esposa, creando así dolor y conflicto en una relación que antes había sido armoniosa. No es que Adán no tuviera autoridad antes de la Caída, sino que la usó mal después de la Caída.

De manera que, en ambos casos, la maldición trajo una distorsión del liderazgo humilde y considerado de Adán y de la sumisión inteligente y de buena voluntad de parte de Eva a ese liderazgo que existió antes de la Caída.

i. La redención en Cristo reafirma el orden de la creación. Si es correcto el argumento anterior acerca de la distorsión de las funciones que apareció con la Caída, lo que esperaríamos encontrar en el Nuevo Testamento es la anulación de los aspectos dolorosos de las relaciones que resultaron del pecado y de la maldición. Esperaríamos que la redención en Cristo animara a las esposas a no rebelarse contra la autoridad de los esposos y animaría a los esposos a no usar su autoridad de manera impropia. En realidad eso es lo que encontramos: «Esposas, *sométanse a sus esposos*, como conviene en el Señor. Esposos, *amen a sus esposas* y no sean duros con ellas» (Col 3:18-19; cf. Ef 5:22-33; Tit 2:5; 1 P 3:1-7). Si hubiera sido una pauta pecaminosa el que las esposas se sometieran a sus esposos, Pedro y Pablo no hubieran mandado que esto se mantuviera en el matrimonio cristiano. Ellos no dicen, por ejemplo: «Procura que los cardos y espinos crezcan en tu huerto», o «Haz el dar a luz lo más doloroso que puedas», o «Manténganse alienado de Dios, aléjense de la comunión con él». La redención de Cristo tiene el propósito de *eliminar* los resultados del pecado y de la Caída en todos los sentidos: «El Hijo de Dios fue enviado precisamente para destruir las obras del diablo» (1 Jn 3:8). *Los mandamientos del Nuevo Testamento relacionados con el matrimonio no perpetúan ningún elemento de la maldición ni ninguna pauta de comportamiento pecaminoso;* más bien reafirman el orden y la distinción de los papeles que existieron desde el principio de la buena creación de Dios.

En términos de aplicación práctica, al ir creciendo en madurez en Cristo, creceremos en el deleite y en el regocijo de las diferencias sabiamente ordenadas y establecidas por Dios para las funciones dentro de la familia humana, Cuando entendemos esta enseñanza bíblica, los hombres y las mujeres debieran ser capaces de decir en sus corazones: «Esto es lo que Dios ha planeado y es bello y correcto, y me regocijo en la manera en que me ha creado y el singular papel que me ha dado». Hay belleza, dignidad y rectitud eternas en esta diferenciación de papeles tanto dentro de la Trinidad como dentro de la familia humana. Sin ningún sentido de «mejor» o «peor», y sin sentido de «más importante» o «menos importante», los hombres y las mujeres debieran ser capaces de regocijarse plenamente en la manera en que Dios los creó.

3. Efesios 5:21-23 y la cuestión de la sumisión mutua. En Efesios 5 leemos:

Esposas, sométanse a sus propios esposos como al Señor. Porque el esposo es cabeza de la esposa, así como Cristo es cabeza y salvador de la iglesia, la cual es su cuerpo. Así como la iglesia se somete a Cristo, también las esposas deben someterse a sus esposos en todo. (Ef 5:22-24)

Aunque a primera vista esto parecería confirmar lo que hemos estado argumentando arriba sobre el orden de la creación para el matrimonio, en años recientes ha habido algo de debate sobre el significado del verbo «someterse» (gr., *hypotasso*) en este pasaje. Algunas personas han entendido que significa «ser atentos y considerados; actuar con amor [uno con el otro]». Si se entiende en este sentido, entonces el texto no está enseñando que la esposa tenga una responsabilidad única en someterse a la autoridad de su esposo, porque tanto el marido como la mujer necesitan ser considerados y amorosos el uno con el otro, y porque conforme a esta interpretación la sumisión a una autoridad no aparece en este pasaje.[22]

Sin embargo, este no es un significado legítimo del término *hypotasso*, el cual siempre implica una relación de *sumisión a una autoridad*. Se usa en otras partes del Nuevo Testamento para hablar de la sujeción de Jesús a la autoridad de sus padres (Lc 2:51); de los demonios que se someten a los discípulos (Lc 10:17, claramente el significado de «actuar en amor, ser considerados» no encaja aquí); de los ciudadanos que se sujetan a las autoridades gobernantes (Ro 13:1, 5; Tit 3:1; 1 P 2:13); del universo sujeto a Cristo (1 Co 15:27; Ef 1:22); de los poderes espirituales invisibles que se sujetan a Cristo (1 P 3:22); de Cristo que se sujeta a Dios el Padre (1 Co 15:28); de los miembros de la iglesia que se someten a los líderes de la iglesia (1 Co 16:15-16 [vea 1 Clemente 42:4]; 1 P 5:5); de las esposas que se sujetan a sus esposos (Col 3:18; Tit 2:5; 1 P 3:5; cf. Ef 5:22, 24); de la iglesia que se sujeta a Cristo (Ef 5:24); de los siervos que se someten a sus amos (Tit 2:9; 1 P 2:18); de los cristianos que se sujetan a Dios (Heb 12:9; Stg 4:7). *Ninguna de estas relaciones se revierte*; es decir, nunca se les dice a los esposos que se sujeten (*hypotasso*) a sus esposas, ni los gobernantes a los ciudadanos, ni los amos a los siervos, ni los discípulos a los demonios, etc. De hecho, el término se usa fuera del Nuevo Testamento para describir la sumisión y obediencia de los soldados en un ejército a los que son de rango superior. [23]

El argumento primario que se ha usado a favor de tomar el «sométanse» en el sentido de «sean considerados con» es el uso que tiene *hypotasso* en Efesios 5:21. Allí Pablo les dice a los cristianos: «Sométanse unos a otros, por reverencia a Cristo». Varios escritores han argumentado que esto quiere decir que cada cristiano debiera someterse a los otros cristianos, y que los esposos debieran someterse el uno al otro. La frase «mutua sumisión» se ha usado con frecuencia para describir esta clase de relación, y ha sido entendida para implicar que no hay una clase excepcional de sumisión que la mujer le deba a su marido.

Sin embargo, el siguiente contexto define lo que Pablo quiere decir por «sométanse unos a otros» en Efesios 5:21: Quiere decir *«sométanse a aquellos en la iglesia que están en posición de autoridad sobre ustedes»*. Esto queda explicado por lo que sigue: las esposas tienen que sujetarse a sus esposos (Ef 5:22-24), pero nunca se les dice a los esposos que se sujeten a sus esposas. De hecho, Pablo les dice a las esposas que se sujeten a *«sus propios* esposos»

---

[22]Vea, por ejemplo, Bilezikian, *Beyond Sex Roles*, p. 154.

[23]Vea Josefo, *Guerras* 2.566, 578; 5.309; cp. el adverbio en 1 Clemente 37:2; también *LSJ*, p. 1897, la cual define *hypotasso* (pasivo) con el significado de «ser obediente».

(Ef 5:22),[24] ¡no a todos en la iglesia ni a todos los esposos! Los hijos tienen que sujetarse a sus padres («obedezcan», Ef 6:1-3), pero no se dice que los padres se sujeten u obedezcan a sus hijos. Los siervos tienen que sujetarse («obedecer») a sus amos, pero no los amos a los siervos.[25] Por tanto, el concepto de la mutua sumisión (en el sentido de que «todos debieran someterse a todos») no es lo que se afirma en Efesios 5:21.[26] Del mismo modo, en Colosenses 3:18-19 Pablo dice: «Esposas, sométanse a sus esposos, como conviene en el Señor. Esposos, amen a sus esposas y no sean duros con ellas» (vea también Tit 2:4-5; 1 P 3:1-7).

D. Una nota sobre aplicación al matrimonio

Si nuestro análisis es correcto, hay algunas aplicaciones prácticas, particularmente dentro del matrimonio, y también en cuanto a las relaciones entre hombres y mujeres en general.

Cuando los esposos empiezan a actuar en una forma egoísta, dura, dominante, e incluso abusiva, debieran darse cuenta de que eso es el resultado del pecado, un resultado de la Caída, y que es destructivo y contrario a los propósitos de Dios. Actuar de esa manera causará aun más destrucción en sus vidas, especialmente en sus matrimonios. Los esposos deben cumplir con el mandamiento del Nuevo Testamento de amar a sus esposas, honrarlas, ser considerados con ellas y ponerlas las primeras en sus intereses.

Asimismo, cuando las esposas se muestran rebeldes y resentidas por la posición de liderazgo de sus esposos, o cuando compiten con ellos por el liderazgo en la familia, debieran darse cuenta de que eso es el resultado del pecado, una consecuencia de la Caída. No debieran actuar de esa manera, porque el hacerlo así traerá también consecuencias destructivas para sus matrimonios. Una esposa que desea actuar en concordancia con el propósito de Dios debiera más bien ser sumisa a su esposo y estar de acuerdo en que él es el líder de su hogar y regocijarse en ello.[27]

Una vez que hemos dicho eso, debemos darnos cuenta de que hay otras dos, casi opuestas, distorsiones del modelo bíblico que pueden ocurrir. Si la tiranía de parte del esposo y la usurpación de autoridad por la esposa son *errores de agresividad*, hay otros dos errores, *errores de pasividad* o pereza. Para un esposo, el otro extremo de ser un «tirano» dominante es ser completamente pasivo y no tomar la iniciativa en la familia, que en términos castizos es ser un «pelele». En esta distorsión del modelo bíblico, el esposo llega

---

[24]Traducción literal del autor del griego *idios*, «a su propio marido».

[25]El malentendido en cuanto a este versículo ha surgido por medio de la suposición de que la expresión «unos a otros» (*allelous*) debe ser completamente recíproco (es decir, «de todos a todos»). No obstante, hay muchos casos en los que no tiene ese sentido, sino que más bien significa «algunos a otros», por ejemplo en Ap 6:4, «y hacer que sus habitantes se mataran *unos a otros*» que significa «algunos matarán a otros»; en Gá 6:2, «ayúdense *unos a otros* a llevar sus cargas», que no significa que «todos debieran intercambiar sus cargas unos con otros» sino «algunos que son más capaces debieran llevar las cargas de otros que menos capaces»; 1 Co 11:33, «cuando se reúnan para comer, espérense unos a otros» que significa que «los que ya estén listos esperen a los que todavía no lo están»; etc. (cp. Lc 2:15; 21:1; 24:32). Del mismo modo, tanto el contexto siguiente como el significado de *hypotasso* requieren que en Efesios 5:21 signifique: «Los que están bajo autoridad debieran someterse a otros entre ustedes que tienen autoridad sobre ello» (En cuanto a la objeción de que la sumisión en el matrimonio es como la sumisión a la esclavitud, están ambos equivocados, vea *Iglesia*, p. 123).

[26]Por supuesto, todos los cristianos debieran amarse unos a otros y ser considerados unos con otros. Si eso es lo que se quiere decir por «mutua sumisión» entonces no debiera haber objeción a ello, aunque esa idea no se enseña en Efesios 5:21, sino en otras partes de las Escrituras, usando otras palabras diferentes a *hypotasso*. Pero generalmente la frase «mutua sumisión» se usa con un sentido diferente a ese, un sentido que destruye la singular autoridad del esposo en el matrimonio.

[27]Vea las consideraciones sobre lo que significa sumisión y lo que quiere decir, en la obra de W. Grudem, «Wives Like Sarah, and the Husbands Who Honor Them: 1 Peter 3:1-7», en *Recovering Biblical Manhood and Womanhood: A Response to Evangelical Feminism*, pp. 194-205.

a ser tan «considerado» con la esposa que le permite que tome todas las decisiones e incluso está de acuerdo cuando ella le insta a que haga lo que es malo (note este comportamiento en Adán, Acab y Salomón entre otros). Con frecuencia un esposo así se muestra progresivamente ausente (ya sea física o emocionalmente) del hogar y ocupa su tiempo casi exclusivamente en otras preocupaciones.

El error correspondiente de parte de la esposa, lo opuesto a intentar dominar o usurpar la autoridad del esposo, es convertirse en una persona completamente pasiva, sin contribuir para nada al proceso de toma de decisiones en la familia, y carecer de disposición para decir palabras de corrección a su esposo, aun cuando esté equivocado. La sumisión a la autoridad no significa ser enteramente pasivo y estar de acuerdo con todo lo que la persona en autoridad dice o propone. Esa no es por supuesto la manera en que nos sometemos a la autoridad de un empresario o funcionarios del gobierno (podemos ciertamente diferir de nuestro gobierno y todavía estar sometidos a él), o a la autoridad de los oficiales de una iglesia (podemos ser sumisos a ellos aunque estemos en desacuerdo con algunas de sus decisiones). Una esposa puede ciertamente estar sujeta a la autoridad de su esposo y todavía participar completamente en el proceso de toma de decisiones de la familia.

Los esposos, por tanto, debieran practicar un liderazgo amoroso, considerado y atento en sus familias. Las esposas debieran tratar de tener una sumisión activa, inteligente y gozosa a la autoridad de sus esposos. Al evitar ambas clases de errores y seguir el modelo bíblico, los esposos y las esposas descubrirán lo que de verdad significa ser hombre y ser mujer en su noble dignidad y su gozosa complementariedad, como Dios lo creó para que fueran, y de esa manera reflejar completamente la imagen de Dios en sus vidas.

PREGUNTAS DE APLICACIÓN PERSONAL

1. Si se le pidiera que fuera sincero en cuanto a sus sentimientos, ¿piensa usted que es mejor ser hombre o ser mujer? ¿Se siente feliz con el sexo que Dios le ha dado o preferiría ser del sexo opuesto? ¿Cómo piensa que Dios quiere que usted se sienta acerca de esa cuestión?

2. ¿Puede decir con sinceridad que piensa que los miembros del sexo opuesto son igualmente valiosos a los ojos de Dios?

3. Antes de leer este capítulo, ¿había pensando que las relaciones en la familia reflejaban algo de las relaciones entre los miembros de la Trinidad? ¿Cree usted que esa es una forma útil de ver la familia? ¿Cómo le hace eso sentirse acerca de sus propias relaciones? ¿Hay maneras en las que podría reflejar de forma más completa el carácter de Dios en su familia?

4. ¿Cómo se compara la enseñanza en este capítulo sobre las diferencias en los papeles de hombres y mujeres con algunas de las actitudes que se ven en la sociedad de hoy? Si hay diferencia entre mucho de lo que la sociedad enseña y lo que las Escrituras enseñan, ¿piensa usted que habrá momentos cuando resultará difícil seguir las Escrituras? ¿Qué podría hacer su iglesia para ayudarle en esas situaciones?

5. Aparte de las cuestiones de matrimonios o de relaciones románticas, ¿piensa usted que Dios quiere que disfrutemos de momentos de compañerismo con grupos mixtos de otros hombres y mujeres cristianos? ¿Por qué cree usted que Dios puso en nuestro corazón el deseo de disfrutar de ese compañerismo? ¿Refleja eso algo de la pluralidad de personas en la Trinidad, junto con la unidad de Dios? ¿Le ayuda esto a entender cuán importante es que las personas solteras sean incluidas en las actividades de la iglesia? ¿Piensa usted que en el pasado algunos grupos religiosos han tendido a descuidar la importancia de esto o incluso prohibir equivocadamente esos grupos mixtos entre los cristianos? Sin embargo, ¿cuáles son los peligros de los que debiéramos protegernos en esas situaciones?

6. Si usted es un esposo, ¿se siente contento con el papel que Dios le ha dado en su matrimonio? Si usted es una esposa, ¿se siente contenta con la función que Dios le ha dado en su matrimonio?

TÉRMINOS ESPECIALES

diferencia en funciones
igualdad en personalidad

primogenitura
sumisión mutua

BIBLIOGRAFÍA

(Las obras marcadas * están de acuerdo en general con los puntos de vistas presentados en este capítulo, mientras que las marcadas ** no lo están.)

Bacchiocchi, Samuele. *Women in the Church*. Biblical Perspectives, Berrien Springs, MI, 1987.*

Bilezikian, Gilbert. *Beyond Sex Roles: What the Bible Says about a Woman's Place in Church and Family*. 2a ed. Baker, Grand Rapids, 1985.**

Clark, Stephen B. *Man and Woman in Christ: An Examination of the Roles of Menand Women in Light of Scripture and the Social Sciences*. Servant, Ann Arbor,1980.*

Clouse, Bonnidell, and Robert G. Clouse. eds. *Women in Ministry: Four Views*,1989.

Colwell, J. E. «Anthropology». En *NDT*, pp. 28-30.

Conn, H. M. «Feminist Theology». En *NDT*, pp. 255-58.

Cottrell, Jack. *Feminism and the Bible: An Introduction to Feminism for Christians*.College Press, Joplin, Mo., 1992.*

Evans, Mary J. *Women in the Bible: An Overview of All the Crucial Passages on Women's Roles*. InvertVarsity Press, 1983.**

Foh, Susa. *Women and the Word of God: A Response to Biblical Feminism*. Presbyterians and Reformed, Phillipsburg, N.J., 1980.

Gundry, Patricia. *Heirs Together*. Zondervan, Grand Rapids, 1980.**

_____. *Women Be Free! The Clear Message of Scripture*. Zondervan, Grand Rapids, 1988.**

House, H. Wayne. *The Role of Women in Ministry Today*. Thomas Nelson, Nashville, 1990.*

Hurley, James. *Man and Women in Biblical Perspective*. Intervarsity Press, Leicester, y Zondervan, Grand Rapids, 1981.*

Jepsen, Dee. *Women: Beyond Equal Rights*. Waco, TX, 1984.*

Jewett, Paul K. *Man as Male and Female*. Eerdmans, 1975.**

Kassian, Mary A. *Women, Creation and the Fall*. Crossway, Westchester, Il., 1990.*

_____. *The Feminist Gospel: The Movement to Unite Feminism With the Church*. Crossway, Wheaton, IL, 1992.*

Knight, George W., III. *The Role Relationship of Man and Women: New Testament Teaching*. Moody, Chicago, 1985. *

Mickelsen, Alvera, ed. *Women, Authority, and the Bible*. InterVarsity Press, Downers Grove, Ill., 1986. **

Neuer, Werner. *Man and Woman in Christian Perspective*. Trad. por Gordon Wenham. Crossway, Westchester, IL, 1991. *

Piper, John. *What's the Difference? Manhood and Womanhood Defined According to the Bible*. Crossway, Westchester, IL, 1990. *

_____, y Wayne Grudem, eds. *Recovering Biblical Manhood and Womanhood: A Response to Evangelical Feminism*. Crossway, Westchester, IL, 1991. *

Spencer, Aida Besancon. *Beyond the Curse: Women Called to Ministry*. Hendrickson, Peabody, Mass., 1985. **

Tucker, Ruth A., y Walter Liefeld. *Daughters of the Church: Women in Ministry from New Testament Times to the Present*. Zondervan, Grand Rapids, 1987. **

Van Leeuwen, Mary Stewart. *Gender and Grace: Love, Work and Parenting in a Changing World*. InterVarsity Press, Leicester and Downers Grove, IL, 1990.**

PASAJE BÍBLICO PARA MEMORIZAR

Colosenses 3:18–19: *Esposas, sométanse a sus esposos, como conviene en el Señor. Esposos, amen a sus esposas y no sean duros con ellas.*

HIMNO

«La familia cristiana»

Dios ordenó la familia, bendijo a los padres e hijos,
y en su omnisciencia divina les dio leyes para guiarlos.

Coro:
Sujetaos unos a otros en fraterno amor,
mutuamente sirviendo en el temor del Señor.

A vuestros propios esposos, casadas, estad, pues sujetas,
como si fuese a Cristo, sumisas y muy respetuosas.

Amad a vuestras esposas, maridos, amad sin medida,
cual Cristo amó a la Iglesia, por ella entregando su vida.

Obedeced a los padres, hijitos, pues eso es justo;
mandato es con promesa, hacedlo al Padre con gusto.

Padres, criad a los hijos con calma y sin provocarlos,
en disciplina cristiana, confiando que Dios va a cuidarlos.

AUTOR: FELIPE BLYCKER J.
(TOMADO DE CELEBREMOS SU GLORIA # 596)

Capítulo 4

LA NATURALEZA ESENCIAL DEL HOMBRE

¿Qué quieren decir las Escrituras con «alma» y «espíritu»?
¿Son la misma cosa?

EXPLICACIÓN Y BASE BÍBLICA

A. Introducción: tricotomía, dicotomía y monismo

¿Cuántas partes hay en el hombre? Todos estamos de acuerdo en que tenemos cuerpos físicos. La mayoría de las personas (cristianos y no cristianos) sienten que también tienen una parte inmaterial, un «alma» que vivirá después de que sus cuerpos mueran.

Pero ahí termina el acuerdo. Algunas personas creen que además de «cuerpo» y «alma» tenemos una tercera parte, un «espíritu», que es lo que más directamente se relaciona con Dios. El concepto de que el hombre está formado de tres partes (cuerpo, alma y espíritu) se llama *tricotomía*.[1] Aunque este ha sido un punto de vista común en la enseñanza bíblica evangélica popular, pocos son los eruditos que la defienden hoy. Según muchos tricotomistas, el *alma* del hombre incluye su intelecto, sus emociones y su voluntad. Sostienen que todas las personas tienen un alma, y que los diferentes elementos del alma bien pueden servir a Dios o estar entregados al pecado. Argumentan que el *espíritu* del hombre es una facultad más elevada en el ser humano que revive cuando una persona se hace cristiana (vea Ro 8:10, RVR 1960: «Pero si Cristo está en vosotros, el cuerpo en verdad está muerto a causa del pecado, mas *el espíritu vive* a causa de la justicia»). Entonces el espíritu de una persona sería aquella parte del ser que adora y ora a Dios más directamente (vea Jn 4:24; Fil 3:3).

---

[1]Para una defensa de la tricotomía, vea Franz Delitzsch, *A System of Biblical Psychology*, trad. R. E. Wallis, 2ª ed. (Baker, Grand Rapids, 1966).

Otros han dicho que «espíritu» no es otra parte del hombre, sino un sinónimo de «alma», y que ambos términos son intercambiables en las Escrituras para hablar acerca de la parte inmaterial del ser humano, la parte que vive después que nuestros cuerpos mueren. El punto de vista de que el hombre esta formado de *dos partes* (cuerpo y alma/espíritu) se llama *dicotomía*. Los que sostienen este punto de vista están a menudo de acuerdo en que las Escrituras usan la palabra *espíritu* (heb., *rúakj*, y gr. *pneúma*) con más frecuencia para referirse a nuestra relación con Dios, pero ese uso (dicen ellos) no es uniforme, y en que la palabra alma se emplea también en todas las formas en que se puede usar espíritu.

Fuera del ámbito del pensamiento evangélico encontramos otro punto de vista, la idea de que el hombre no puede existir aparte del cuerpo físico y, por tanto, no puede haber una existencia separada para un «alma» después que el cuerpo muere (aunque esta perspectiva da espacio para la resurrección de toda la persona en algún momento en el futuro). Esta perspectiva de que el hombre es solo un elemento, y que su cuerpo es la persona, se llama monismo.[2] Según el monismo, los términos bíblicos de alma y espíritu son solo otras expresiones para la «persona» misma o para la «vida» de la persona. Este punto de vista no ha sido generalmente adoptado por los teólogos evangélicos porque muchos textos bíblicos parecen afirmar claramente que nuestras almas y espíritus siguen viviendo después de que nuestros cuerpos mueren (vea Gn 35:18; Sal 31:5; Lc 23:43, 46; Hch 7:59; Fil 1:23-24; 2 Co 5:8; Heb 12:23; Ap 6:9; 20:4; y capítulo 13 de *Salvación*, sobre el estado intermedio.

Pero las otras dos perspectivas se continúan sosteniendo en el mundo cristiano hoy. Aunque la dicotomía ha sido afirmada más comúnmente a lo largo de la historia de la iglesia y es mucho más común entre los eruditos evangélicos de hoy, la tricotomía tiene también muchos defensores.[3]

En este capítulo abogaremos por el punto de vista de la dicotomía que ve al hombre formado de dos partes, cuerpo y alma (o espíritu), pero también examinaremos los argumentos para la tricotomía.

B. La información bíblica

Antes de preguntarnos si las Escrituras ven a «alma» y «espíritu» como partes distintivas del ser humano, debemos dejar bien en claro desde el principio que el énfasis de la Biblia está en la unidad general del hombre como creado por Dios. Cuando Dios formó al hombre «sopló en su nariz hálito de vida, y el hombre se convirtió en un ser viviente» (Gn 2:7). Aquí encontramos a Adán como una persona unificada con cuerpo y alma viviendo y actuando juntos. Este estado original armonioso y unificado del hombre volverá a ocurrir cuando Cristo regrese y estemos completamente redimidos en nuestros cuerpos así como en nuestras almas para vivir con él para siempre (vea 1 Co 15:51-54). Además, tenemos que crecer en santidad y amor para Dios en cada aspecto de nuestra vida, en nuestros cuerpos así como en nuestro espíritu y alma (cf. 1 Co 7:34). Tenemos

---

[2]Para más información, vea Millard Ericson, *Christian Theology*, pp. 524-27, y sus notas en cuanto la perspectiva de J. A. T. Robinson.

[3]Vea Louis Berkholf, *Systematic Theology*, pp. 191-92, para un estudio de los puntos de vista sostenidos en la historia de la iglesia.

que «[purificarnos] de todo lo que contamina el cuerpo y el espíritu, para completar en el temor de Dios la obra de nuestra santificación» (2 Co 7:1).

Pero una vez que hemos hecho hincapié en el hecho de que Dios nos creó para tener una unidad de cuerpo y alma, y que cada acción que llevamos a cabo en esta vida es una acción de toda nuestra persona, involucrando hasta cierto punto tanto al cuerpo como al alma, podemos continuar señalando que las Escrituras enseñan claramente que hay una parte inmaterial de la naturaleza del hombre. Y que podemos investigar cómo es esa parte.

1. *Las Escrituras usan «alma» y «espíritu» de forma intercambiable.* Cuando examinamos el uso de las palabras que traducimos como «alma» (heb. *nefésh* y gr. *psique*) y «espíritu» (heb. *rúakj* y gr. *pneúma*),[4] parece que son empleadas de forma intercambiable. Por ejemplo, en Juan 12:27 (RVR 1960), Jesús dice: «Ahora está turbada mi alma», mientras que en un contexto muy similar en el siguiente capítulo Juan dice que Jesús «se conmovió en *espíritu*» (Jn 13:21, RVR 1960). Del mismo modo, leemos las palabras de María en Lucas 1:46-47: «Mi alma glorifica al Señor, y mi *espíritu* se regocija en Dios mi Salvador». Este parece ser un ejemplo evidente del paralelismo hebreo, recurso poético mediante el cual se repite la misma idea usando palabras diferentes, pero sinónimas. Este uso de términos intercambiables también explica por qué personas que han muerto y han ido al cielo o al infierno pueden ser llamados «espíritus» (Heb 12:23, «los espíritus de los justos que han llegado a la perfección»; también en 1 P 3:19, «espíritus encarcelados») o «almas» (Ap 6:9, «las almas de los que habían sufrido el martirio por causa de la palabra de Dios y por mantenerse fieles en su testimonio»; 20:4, «las almas de los que habían sido decapitados por causa del testimonio de Jesús y por la palabra de Dios»).

2. *En la muerte, las Escrituras dicen o que el «alma» sale o que el «espíritu» sale.* Cuando Raquel murió, las Escrituras dicen: «Y aconteció que al salírsele el *alma* (pues murió)» (Gn 35:18, RVR 1960). Elías oró pidiendo: «Te ruego que hagas volver el *alma* de este niño a él» (1 R 17:21, RVR 1960), e Isaías predice que el Siervo del Señor «[derramaría] su alma [heb. *nefésh*] hasta la muerte» (Is 53:12, BAS). En el Nuevo Testamento Dios dice al rico necio: «Esta noche vienen a pedirte tu alma [gr. *psique*]» (Lc 12:20, RVR 1960). Por otro lado, a veces a la muerte se la ve como un regreso del espíritu a Dios. Por eso David puede orar diciendo, con palabras que más tarde Jesús citó en la cruz: «en tus manos encomiendo mi espíritu» (Sal 31:5; cf. Lc 23:46). En la muerte, «el *espíritu* volverá a Dios» (Ec 12:7).[5] En el Nuevo Testamento, cuando Jesús murió, «inclinó la cabeza y entregó el espíritu»

---

[4]Es importante tener en mente a los largo de este capítulo que varias traducciones recientes de la Biblia (especialmente la NVI) no son coherentes en la traducción de los términos hebreo y griego indicados arriba para «alma» y «espíritu», sino que a veces usan para sustituirlos otros términos como «vida», «mente», «corazón» o «persona». La RVR 1960 tiende a ser más literal en la traducción de estas palabras en la mayoría de los casos. En ciertos contextos estos términos pueden, por supuesto, referirse a la vida de la persona o al todo de la persona, pero también se emplean muchas veces para referirse a una parte distintiva de la naturaleza de una persona (vea *BDB*, pp. 659-61, 924-25; y *BAGD*, pp. 674-75, 893-94, para ver numerosos ejemplos).

[5]George Ladd, *A Theology of the New Testament* (Eerdmans, Grand Rapids, 1974), dice que en el Antiguo Testamento ni al alma ni al espíritu se les «concibe como una parte del hombre capaz de sobrevivir la muerte de *basar* [carne]» (p. 459). Esta declaración no es exacta a la luz de los versículos del Antiguo Testamento que hemos citado en este párrafo. El análisis de Ladd en esta sección depende mucho del trabajo de W. D. Stacey, *The Pauline View of Man* (MacMillan, Londres, 1956), a quien Ladd cita catorce veces en las páginas 458-59. Con todo, Stacey piensa que la muerte significa extinción para los seres humanos (Ladd, p. 463). Ladd también indica que Rudolf Bultmann niega enérgicamente que el hombre tenga un alma invisible o espíritu, pero el mismo Ladd rechaza el punto de vista de Bultmann cuando trata la información bíblica (vea p. 35, n. 17, y p. 40).

(Jn 19:30), y del mismo modo Esteban antes de morir: «Señor Jesús —decía—, recibe mi espíritu» (Hch 7:59).

En respuesta a estos pasajes, un defensor de la tricotomía podría argumentar que ellos están hablando acerca de cosas diferentes, porque cuando una persona muere tanto su alma como su espíritu van al cielo. Pero debiera notarse que las Escrituras no dicen en ninguna parte que el «alma y el espíritu» de la persona salieron o fueron al cielo o fueron entregados a Dios. Si alma y espíritu fueran cosas apartes y diferentes, esperaríamos que se dijera así en alguna parte. No obstante, no lo encontramos. Los autores bíblicos no parecen preocuparse de si es el alma o el espíritu lo que sale al morir uno, porque parece que ambas palabras se refieren a lo mismo.

Debiéramos también notar que estos versículos del Antiguo Testamento citados arriba indican que no es correcto, como algunos han afirmado, decir que el Antiguo Testamento hace tanto hincapié en la unidad del hombre que no tiene concepción de la existencia del alma aparte del cuerpo. Ciertamente varios pasajes del Antiguo Testamento implican que los autores reconocen que la persona continúa existiendo después de que su cuerpo muere.

3. Se dice que el hombre es o bien «cuerpo y alma» o «cuerpo y espíritu». Jesús nos dice que no tengamos temor de «los que matan el cuerpo, pero no pueden matar el alma. Teman más bien al que puede destruir alma y cuerpo en el infierno» (Mt 10:28). Aquí la palabra «alma» se debe referir claramente a la parte de la persona que existe después de la muerte. No puede significar «persona» o «vida», porque no tendría sentido hablar de los que «matan el cuerpo, pero no pueden matar la persona», o «matar el cuerpo pero no matar la vida», a menos que haya algún aspecto de la persona que sigue viviendo después de que el cuerpo ha muerto. Además, cuando Jesús habla de «alma y cuerpo» parece que está hablando claramente de la persona total aunque no menciona el «espíritu» como un componente separado. La palabra «alma» parece denotar la parte del hombre que no es física.

Por otro lado, a veces se dice que el hombre es «cuerpo y espíritu». Pablo quiere que la iglesia en Corinto entregue a Satanás un hermano extraviado para «destrucción de su naturaleza pecaminosa a fin de que su espíritu sea salvo en el día del Señor» (1 Co 5:5). No es que Pablo se hubiera olvidado de la salvación del alma de aquel hombre; solo está usando la palabra «espíritu» para referirse al todo de la existencia inmaterial de la persona. Asimismo, Santiago dice: «El cuerpo sin el espíritu está muerto» (Stg 2:26), pero no dice nada acerca de un alma separada. Además, cuando Pablo habla de crecer en santidad personal, aprueba a la mujer que se afana por «consagrarse al Señor tanto en cuerpo como en espíritu» (1 Co 7:34), y sugiere que esto abarca toda la vida de la persona. Habla aún de forma más explícita en 2 Corintios 7:1, donde dice: «purifiquémonos de todo lo que contamina el cuerpo y el espíritu, para completar en el temor de Dios la obra de nuestra santificación».[6] Purificarnos de la contaminación del «alma» o del «espíritu» abarca toda la parte inmaterial de nuestra existencia (vea también Ro 8:10; 1 Co 5:3; Col 2:5).

---

[6]Este versículo quizá queda mejor traducido cuando se dice «haciendo que la santidad sea perfecta a los ojos de Dios», puesto que el participio presente *epitelountes* sugiere acción simultánea con el verbo principal «purifiquémonos o limpiémonos», y entonces el versículo nos da la idea de que la manera en que hacemos que la santidad sea perfecta es mediante la santificación de toda contaminación del cuerpo y del espíritu (gramaticalmente eso sería un participio de modo).

4. El «alma» puede pecar o el «espíritu» puede pecar. Todos los que defienden la tricotomía estarán generalmente de acuerdo en que el «alma» puede pecar, puesto que piensan que el alma incluye el intelecto, las emociones y la voluntad. (Veremos el hecho de que nuestras almas pueden pecar implícito en versículos tales como 1 P 1:22; Ap 18:14.)

Los defensores de la tricotomía generalmente piensan que el «espíritu» es más puro que el «alma», y que cuando está renovado, está libre de pecado y es sensible al estímulo del Espíritu Santo. Esta idea, que a veces aparece en la predicación y en escritos cristianos populares, no está de verdad apoyada por el texto bíblico. Cuando Pablo anima a los corintios a purificarse «de todo lo que contamina el cuerpo y el *espíritu*» (2 Co 7:1), implica claramente que puede haber contaminación (o pecado) en nuestro espíritu. Asimismo, habla de la mujer soltera que está preocupada «por consagrarse al Señor tanto en cuerpo como en *espíritu*» (1 Co 7:34). Otros versículos hablan de una forma parecida. Por ejemplo, en Deuteronomio 2:30 se dice que el Señor había endurecido el espíritu del rey de Sijón de Hesbón. Salmos 78 habla del rebelde pueblo de Israel «cuyo *espíritu* no se mantuvo fiel a Dios» (Sal 78:8). «Antes del quebrantamiento es la soberbia, y antes de la caída la altivez de *espíritu*» (Pr 16:18, RVR 1960), y es posible que el pecador sea «altivo de espíritu» (Ec 7:8, RVR 1960). Isaías habla de «los de *espíritu* extraviado» (Is 29:24). De Nabucodonosor se dice que «su espíritu se endureció en su orgullo, fue depuesto del trono de su reino» (Dn 5:20). El hecho de que «todos los caminos del hombre son limpios en su propia opinión, pero Jehová pesa los espíritus» (Pr 16:2) implica que es posible que nuestro espíritu esté equivocado a los ojos de Dios. Otros versículos implican la posibilidad de que tengamos pecado en el espíritu (vea Sal 32:2; 51:10). Por último, el hecho de que las Escrituras aprueben al «que se enseñorea de su *espíritu*» (Pr 16:32) implica que nuestro espíritu no es solo la parte espiritualmente pura de nuestra vida que debemos seguir en todo momento, sino que pueden tener también deseos o inclinaciones pecaminosos.

5. Todo lo que se dice que el alma hace, también se dice que lo hace el espíritu, y todo lo que se dice que el espíritu hace también lo hace el alma. Los que defienden la tricotomía se enfrentan a un problema difícil al tratar de definir claramente cuál es la diferencia entre el alma y el espíritu (desde su perspectiva). Si las Escrituras dieran apoyo claro a la idea de que nuestro espíritu es la parte de nosotros que se relaciona directamente con Dios en la adoración y en la oración, mientras que nuestra alma incluye nuestro intelecto (pensamiento), nuestras emociones (sentimientos) y nuestra voluntad (decisiones), la tricotomía tendría un argumento fuerte. Sin embargo, las Escrituras no parecen permitir que se haga ese tipo de distinción.

Por otro lado, las actividades de pensar, sentir y decidir cosas no se dice que sean decisiones del alma. Nuestro espíritu también puede experimentar emociones, por ejemplo, cuando «Pablo los esperaba en Atenas, su espíritu se enardecía viendo…» (Hch 17:16), o cuando Jesús «se conmovió en espíritu» (Jn 13:21). Es también posible tener un «espíritu triste», que es lo opuesto de un «corazón alegre» (Pr 17:22).

Además, las funciones de conocer, percibir, pensar son también realizadas por nuestros espíritus. Por ejemplo, Marcos habla de Jesús diciendo «En ese mismo instante supo [gr. *epiginosko*] Jesús en su espíritu» (Mr 2:8). Cuando el Espíritu Santo «le asegura a nuestro espíritu que somos hijos de Dios» (Ro 8:16), nuestro espíritu recibe y entiende ese testimonio, que es ciertamente una función de conocer algo. De hecho, nuestro espíritu parece conocer nuestros pensamientos con bastante profundidad, porque Pablo pregunta: «En efecto, ¿quién conoce los pensamientos del ser humano sino su propio espíritu que está en él?» (1 Co 2:11). (Cf. Is 29:24, al decir que los de «espíritu extraviado recibirán entendimiento».)

Lo que estos versículos nos están diciendo no es que sea el espíritu el que siente y piensa las cosas en vez del alma, sino más bien que el «alma» y el «espíritu» son términos que se usan para hablar en general de la parte inmaterial de la persona, y que es difícil notar alguna distinción real en el uso de esos términos.

De hecho, no debiéramos caer en el error de pensar que ciertas actividades (como pensar, sentir o decidir) las realiza solo una parte de nosotros. Más bien, esas actividades las lleva a cabo la persona total. Cuando pensamos o sentimos cosas, no hay duda de que también nuestro cuerpo físico participa en todo. Siempre que pensamos empleamos el cerebro físico que Dios nos ha dado. Del mismo modo, nuestro cerebro y nuestro sistema nervioso participan cuando sentimos emociones, y a veces esas emociones están involucradas en sensaciones físicas en otras partes del cuerpo. Esto es solo para recalcar lo que dijimos al comienzo de nuestras reflexiones, que el enfoque general de las Escrituras se centra primariamente en el hombre como una unidad, el cuerpo físico y la parte que no es física en nosotros funcionan como una unidad.

Por otro lado, la afirmación de los defensores de la tricotomía de que nuestro espíritu es ese elemento de nosotros que más se relaciona con Dios en la adoración y la oración no parece estar apoyado en las Escrituras. Con frecuencia leemos acerca del *alma* que adora a Dios y se relaciona con él en otras clases de actividades. «A ti, Señor, elevo mi *alma*» (Sal 25:1). «Sólo en Dios halla descanso mi *alma*» (Sal 62:1). «Alaba, *alma* mía, al Señor; alabe todo mi ser su santo nombre» (Sal 103:1). «Alaba, alma mía, al Señor» (Sal 146:1). «Mi alma glorifica al Señor, y mi espíritu se regocija en Dios mi Salvador» (Lc 1:46).

Estos pasajes indican que el alma puede adorar a Dios, alabarle y darle gracias. El alma puede orar a Dios, como Ana implica cuando dice: «He derramado mi alma delante de Jehová» (1 S 1:15, RVR 1960). De hecho, el gran mandamiento dice: «Ama al Señor tu Dios con todo tu corazón y con toda tu alma y con todas tus fuerzas» (Dt 6:5; cf. Mr 12:30). El alma puede anhelar a Dios y tener sed de él (Sal 42:1, 2, RVR 1960), y puede «esperar en Dios» (Sal 42:5, RVR 1960). El alma puede regocijarse y deleitarse en Dios, porque David dijo: «Mi alma se alegrará en Jehová; se regocijará en su salvación» (Sal 35:9; cf. Is 61:10, RVR 1960). El salmista dice: «Quebrantada está mi alma de desear tus juicios en todo tiempo» (Sal 119:20, RVR 1960), y: «Mi alma ha guardado tus testimonios, y los he amado en gran manera» (Sal 119:167, RVR 1960). Parece que no hay nada en la vida o en las relaciones con Dios sobre lo cual las Escrituras digan que el espíritu está activo en vez del alma. Ambos términos se usan para hablar de todos los aspectos de nuestra relación con Dios.

Sin embargo, sería erróneo, a la luz de estos pasajes, sugerir que solo el alma (o el espíritu) adora a Dios, porque nuestros cuerpos participan en la adoración también. Somos una unidad de cuerpo y alma / espíritu. Nuestro cerebro físico piensa en Dios cuando le adoramos y cuando le amamos con toda nuestra «mente» (Mr 12:30). David, que anhelaba estar en la presencia de Dios, puede decir: «Mi alma tiene sed de ti, mi carne te anhela, en tierra seca y árida donde no hay agua» (Sal 63:1, RVR 1960). De nuevo leemos: «Mi corazón y mi carne cantan al Dios vivo» (Sal 84:2). Es evidente que cuando oramos en voz alta o cantamos alabanzas a Dios, los labios y las cuerdas vocales participan, y a veces en la adoración y la oración se utilizan las palmas de las manos (Sal 47:1), o elevamos las manos a Dios (Sal 28:2; 63:4; 134:2; 143:6; 1 Ti 2:8). Además, tocar instrumentos musicales para alabar a Dios es un acto en que participa el cuerpo físico así como los materiales físicos de que están hechos los instrumentos (vea Sal 150:3-5). Le adoramos con todo nuestro ser.

En conclusión, las Escrituras no parecen apoyar ninguna distinción entre alma y espíritu. Parece que no hay una respuesta satisfactoria para las preguntas que puede plantear un defensor de la tricotomía: «¿Qué puede el espíritu hacer que no pueda hacer el alma? ¿Qué puede hacer el alma que el espíritu no pueda hacer?».

C. Argumentos a favor de la tricotomía

Los que adoptan la posición de la tricotomía han apelado a algunos pasajes bíblicos para apoyarla. A continuación aparecen mencionados algunos de los que usan con más frecuencia.

1. 1 Tesalonicenses 5:23. «Que Dios mismo, el Dios de paz, los santifique por completo, y conserve todo su ser —*espíritu, alma y cuerpo*— irreprochable para la venida de nuestro Señor Jesucristo» (1 Ts 5:23). ¿No habla este versículo claramente de las tres partes del hombre?

2. Hebreos 4:12. «Ciertamente, la palabra de Dios es viva y poderosa, y más cortante que cualquier espada de dos filos. Penetra hasta lo *más profundo del alma y del espíritu*, hasta la médula de los huesos, y juzga los pensamientos y las intenciones del corazón» (Heb 4:12). Si la espada de las Escrituras divide el alma y el espíritu, ¿no son estas entonces dos partes diferentes del hombre?

3. 1 Corintios 2:14–3:4. Este pasaje habla de dos clases diferentes de personas, los que son «carnales» (gr. *sárkinos*, 1 Co 3:1); los que no son espirituales (gr. *psujikós*, lit. «inmaduros», 1 Co 2:14), y los que son «espirituales» (gr. *pneumatikós*, 1 Co 2:15). ¿No sugieren estas dos categorías que hay diferentes clases de personas: los no cristianos que son «carnales», los cristianos «no espirituales» que siguen los deseos del alma y los cristianos más maduros que siguen los deseos del espíritu? ¿No sugerirá esto que el alma y el espíritu son elementos diferentes de nuestra naturaleza?

4. 1 Corintios 14:14. Cuando Pablo dice: «Si yo oro en lenguas, mi espíritu ora, pero mi entendimiento no se beneficia en nada» (1 Co 14:14), ¿no está implicando que la mente hace algo diferente del espíritu, y no apoya esto el argumento de los defensores de la tricotomía de que la mente y los pensamientos hay que asociarlos con el alma y no con el espíritu?

5. El argumento de la experiencia personal. Muchos defensores de la tricotomía dicen que tienen una percepción espiritual, una conciencia espiritual de la presencia de Dios que los afecta en una forma que saben que es diferente de sus procesos ordinarios de pensamiento y distinta de sus experiencias emocionales. Preguntan: «Si no tengo un espíritu que es algo aparte de mis pensamientos y emociones, ¿qué es eso que siento que es diferente de mis pensamientos y emociones, que solo puedo describirlo como adorar a Dios en mi espíritu y sentir su presencia en mi espíritu? ¿No hay algo en mí que es más que mi intelecto y mis emociones y mi voluntad? ¿Y no debo decir que es mi espíritu?».

6. *Nuestro espíritu es lo que nos diferencia de los animales.* Algunos seguidores de la tricotomía argumentan que tanto los humanos como los animales tienen alma, pero mantienen que es la presencia del espíritu lo que nos distingue de los animales.

7. *El espíritu es lo que cobra vida en la regeneración.* Los que abogan por la tricotomía también argumentan que cuando nos hacemos cristianos nuestro espíritu es vivificado: «Si Cristo está en vosotros, el cuerpo en verdad está muerto a causa del pecado, mas el espíritu vive a causa de la justicia» (Ro 8:10, RVR 1960).

Ahora podemos repasar las siete razones acabadas de mencionar:

D. Respuestas a los argumentos a favor de la tricotomía

1. *1 Tesalonicenses 5:23.* La frase «espíritu, alma y cuerpo» no es de por sí concluyente. Pablo podía estar solo acumulando sinónimos para recalcar algo, como se hace a veces en otras partes de las Escrituras. Por ejemplo, Jesús dice: «Amarás al Señor tu Dios con todo tu *corazón*, y con toda tu *alma*, y con toda tu *mente*» (Mt 22:37). ¿Quiere decir esto que el alma es algo aparte de la mente y del corazón?[7] El problema se complica aún más en Marcos 12:30: «Y amarás al Señor tu Dios con todo tu corazón, y con toda tu alma, y con toda tu mente y con todas tus fuerzas». Si seguimos con el principio de que esas listas de términos nos hablan de partes diferentes del hombre, deberíamos añadir espíritu a esta lista (y quizá cuerpo también). ¡Tendríamos cinco o seis partes del hombre! Pero esa es ciertamente una conclusión falsa. Es mucho mejor entender que Jesús está acumulando términos sinónimos por énfasis para demostrar que debemos amar a Dios con todo nuestro ser.

Del mismo modo, en 1 Tesalonicenses 5:23 Pablo no está diciendo que alma y espíritu sean entidades diferentes, sino que, sea como sea que llamemos a nuestra parte inmaterial, desea que Dios siga santificándonos por completo para el día de Cristo.

2. *Hebreos 4:12.* Este versículo, que habla acerca de que la Palabra de Dios «penetra hasta partir el alma y el espíritu, las coyunturas y los tuétanos» (RVR 1960) creo que se entiende mejor en una forma similar a 1 Tesalonicenses 5:23. El autor no está diciendo que la Palabra de Dios pueda partir el alma y el espíritu, sino que está usando una serie de términos (alma, espíritu, coyunturas, tuétanos, pensamientos, intenciones del corazón) para hablar de las partes internas más profundas de nuestro ser que no pueden esconderse

---

[7]El «corazón» en las Escrituras es una expresión que habla de los más profundos pensamientos y sentimientos de la persona (vea Gn 6:5, 6; Lv 19:17; Sal 14:1; 15:2; 37:4; 119:10; Pr 3:5; Hch 2:37; Ro 2:5; 10:9; 1 Co 4:5; 14:25; Heb 4:12; 1 P 3:4; Ap 2:23; et al.).

del poder penetrante de la Palabra de Dios. Si nosotros deseamos llamarle a esto nuestra «alma», las Escrituras penetran allí y descubren nuestras intenciones más íntimas. Si deseamos llamar «espíritu» a esta parte no física más profunda de nuestro ser, entonces las Escrituras penetran allí y conocen nuestros más secretos pensamientos e intenciones. O si preferimos decir metafóricamente que lo más íntimo de nosotros está escondido en nuestras coyunturas y tuétanos, podemos decir que las Escrituras son como una espada capaz de penetrar hasta lo más adentro de nuestros huesos.[8] En todos estos casos la Palabra de Dios es tan poderosa que puede sacar a la luz toda desobediencia o falta de sumisión a Dios. En cualquier caso, el autor no está pensando que el alma y el espíritu son dos cosas diferentes; son solo términos adicionales que hablan de lo más íntimo de nuestro ser.

3. *1 Corintios 2:14–3:4.* Pablo ciertamente distingue a una persona que es «natural» (*psujikós*, «inmadura») de otra que es «espiritual» (*pneumatikós*, «espiritual») en 1 Corintios 2:14–3:4). Pero en este contexto, «espiritual» parece referirse a alguien «bajo la influencia del Espíritu Santo», puesto que todo el pasaje está hablando de la obra del Espíritu Santo que revela la verdad a los creyentes. En este contexto, «espiritual» podría casi ser traducido «Espiritual». Pero el pasaje no da a entender que los cristianos tengan un espíritu mientras que los que no son cristianos no lo tienen, ni que el espíritu de un cristiano está vivo, mientras que el espíritu de los que no son cristianos no lo está. Pablo no está hablando para nada de partes diferentes del hombre, sino de someternos a la influencia del Espíritu Santo.

4. *1 Corintios 14:14.* Cuando Pablo dice: «mi *espíritu* ora, pero mi entendimiento no se beneficia en nada», está refiriéndose a que no entiende el contenido de lo que está orando. Sí está implicando que hay un componente de su ser que no es físico, un «espíritu» dentro de él que puede hablar con Dios. Pero nada en este versículo sugiere que él considera que su espíritu es algo aparte de su alma. Esa interpretación incorrecta es solo el resultado de suponer que la «mente» es parte del alma, una afirmación de los defensores de la tricotomía que, como hemos indicado arriba, es muy difícil de apoyar con las Escrituras. Pablo probablemente podría haber dicho del mismo modo: «Mi alma ora, pero mi mente no se beneficia».[9] Lo que se quiere decir es que hay un elemento inmaterial de nuestra existencia que puede a veces funcionar sin que estemos conscientes de cómo está funcionando.

5. *El argumento de la experiencia personal.* Los cristianos tienen una «percepción espiritual», una conciencia interna de la presencia de Dios en la experiencia de la adoración y la oración. En este profundo nivel interno a veces nos podemos sentir espiritualmente angustiados o deprimidos, o quizá percibir la presencia de fuerzas demoníacas hostiles. Con frecuencia esta percepción es distinta de nuestro proceso de pensamiento racional

---

[8]Note que nosotros no dividimos coyunturas de tuétanos, porque las coyunturas son lugares donde se unen los huesos, no donde se juntan coyunturas y tuétanos.

[9]Sin embargo, es mucho más característico de la terminología de Pablo usar la palabra «espíritu» para hablar de nuestra relación con Dios en la adoración y la oración. Pablo no usa la palabra «alma» (gr. *psique*) con mucha frecuencia (14 veces, frente a las 114 veces que aparece en el Nuevo Testamento como un todo), y cuando lo hace, se refiere con frecuencia solo a la «vida» de la persona, o como un sinónimo para una persona misma, como en Ro 9:3; 13:1; 16:4; Fil 2:30. El uso de la palabra «alma» para referirse a la parte no física del hombre es más característico de los Evangelios, y de muchos pasajes del Antiguo Testamento.

y consciente. Pablo se dio cuenta de que a veces su espíritu oraba, pero su mente no entendía (1 Co 14:14). ¿Pero ocurre esa percepción espiritual interna en algo que no es lo que la Biblia llama «alma»? Si nosotros usáramos el vocabulario de María, nos sentiríamos felices diciendo: «Mi alma glorifica al Señor» (Lc 1:46). David diría: «Alaba, alma mía, al Señor» (Sal 103:1). Jesús nos diría que amemos a Dios con toda el alma (Mr 12:30). El apóstol Pablo usa la palabra *espíritu*, pero es simplemente una diferencia en terminología y no se refiere a una parte diferente del hombre. Hay un «espíritu» dentro de nosotros que puede percibir cosas en la esfera espiritual (note Ro 8:16; también Hch 17:16), pero podríamos muy bien llamarlo «alma» y estar refiriéndonos a la misma cosa, porque las Escrituras emplean ambos términos.

6. *¿Qué nos hace diferentes de los animales?* Es cierto que contamos con capacidades espirituales que nos hacen diferentes de los animales:[10] tenemos la capacidad de relacionarnos con Dios mediante la adoración y la oración, y disfrutamos de vida espiritual en comunión con Dios quien es Espíritu. Pero no debiéramos dar por sentado que tenemos un elemento diferente llamado «espíritu» que nos permite hacer esto, porque con la mente podemos amar a Dios, leer y entender sus palabras, y creer que su Palabra es verdad. Con el alma podemos adorar a Dios y regocijarnos en él (vea más atrás). Nuestros cuerpos también resucitarán y vivirán con Dios para siempre. Por tanto, no tenemos que decir que tenemos otra parte que es diferente del alma y el cuerpo y que nos hace diferentes de los animales, porque el alma y el cuerpo (incluyendo la mente) se relacionan con Dios en formas que los animales no pueden. Más bien, lo que nos hace diferentes de los animales son las facultades espirituales que Dios ha dado al cuerpo y al alma (o espíritu).

La cuestión de si un animal tiene «alma» depende de cómo definamos el alma. Si definimos que el «alma» es el «intelecto, las emociones y la voluntad», tenemos que concluir que al menos los animales superiores tienen alma. Pero si definimos el «alma», como lo hemos hecho en este capítulo, como el elemento inmaterial de nuestra naturaleza que se relaciona con Dios (Sal 103:1; Lc 1:46; et al.) y vive para siempre (Ap 6:9), los animales no tienen alma. El hecho de que la palabra hebrea *nefésh*, «alma», se usa a veces en relación con los animales (Gn 1:21; 9:4) muestra que la palabra puede a veces significar solo «vida», pero no quiere decir que los animales tengan la misma clase de alma que el hombre.[11]

7. *¿Se vivifica nuestro espíritu en la regeneración?* El espíritu humano no es algo que está muerto en el inconverso y se vivifica cuando alguien confía en Cristo. La Biblia dice que los incrédulos tienen un espíritu que obviamente está vivo, pero que vive en un estado de rebelión contra Dios, como Sejón, rey de Hesbón (Dt 2:30: «Dios había endurecido su espíritu» RVR 1960), Nabucodonosor (Dn 2:20: «Su espíritu se endureció en su orgullo» RVR 1960) o el pueblo infiel de Israel (Sal 78:8: «Ni fue fiel para con Dios su espíritu»). Cuando Pablo dice que «el espíritu vive a causa de la justicia» (Ro 8:10, RVR 1960), aparentemente quiere decir «vivo para Dios», pero eso no implica que nuestro espíritu

---

[10]Vea el capítulo 2, pp. 41-45, sobre las numerosas diferencias entre los seres humanos y los animales.

[11]De hecho, un pasaje incluso especula acerca del «[espíritu] de los animales» en contraste con el «espíritu del hombre» (Ec 3:21), pero en el contexto (vv. 18-22) se está expresando una perspectiva mundana y cínica que muestra la vanidad de la vida y argumenta que el hombre solo es una bestia (v. 18). En el contexto general del libro no está claro si esto es algo que el autor está animando que los lectores crean.

estuviera completamente «muerto» antes, sino que no tenía comunión con Dios y estaba muerto en ese sentido.[12] De la misma forma, todos nosotros como personas estábamos «muertos» en «transgresiones y pecados» (Ef 2:1), pero fuimos vivificados para Dios, y ahora debemos considerarnos «muertos al pecado, pero vivos para Dios» (Ro 6:11). No es que solo una parte de nosotros (llamada espíritu) ha sido vivificada, sino que nuestro ser como un todo es una «nueva creación» en Cristo (2 Co 5:17).

8. *Conclusión.* Aunque los argumentos a favor de la tricotomía tienen cierta fuerza, ninguno ofrece una evidencia concluyente que pueda superar el amplio testimonio de las Escrituras que muestra que los términos *alma* y *espíritu* son con frecuencia intercambiables y en muchos casos sinónimos. Podemos también notar la observación que hace Louis Berkhof sobre el origen de la tricotomía:

> La concepción tripartita del hombre se originó en la filosofía griega que concibió la relación entre el cuerpo y el espíritu del hombre, respectivamente, según la analogía de la relación mutua entre el universo material y Dios. Se pensó que, precisamente así como estos últimos solamente pueden relacionarse entre sí por medio de una tercera sustancia o por medio de un ser intermedio, así también los primeros entrarían en relaciones vitales mutuas solamente por medio de un tercer elemento intermedio, es decir, el alma.[13]

Algunos defensores de la tricotomía tienen todavía hoy la tendencia de adoptar un error relacionado con esto que se encontraba también en la filosofía griega: el concepto de que el mundo material, incluyendo nuestros cuerpos, son esencialmente malos y algo de lo que hay que escapar. El peligro está en decir que la esfera del «espíritu» es lo único que es de verdad importante, con una depreciación resultante del valor de nuestros cuerpos físicos creados por Dios y que «era muy bueno» (Gn 1:31), y que es, por tanto, algo que podemos presentar a Dios en sacrificio y servicio para él (Ro 12:1).

La tricotomía puede también tener una tendencia antiintelectual. Si pensamos que el espíritu es el elemento nuestro que se relaciona más directamente con Dios, y si pensamos que el espíritu es algo distinto de nuestro intelecto, emociones y voluntad, podemos caer fácilmente en una clase antiintelectual de cristianismo que piensa que el trabajo académico diligente es de cierta manera menos «espiritual», una perspectiva que contradice el mandamiento de Jesús de amar a Dios con toda nuestra «mente» (Mr 12:30) y el deseo de Pablo de que llevemos «cautivo todo pensamiento para que se someta a Cristo» (2 Co 10:5). Semejante separación de la esfera del «espíritu» de la esfera del intelecto puede llevar fácilmente al descuido de la sana doctrina o de la necesidad de la enseñanza intensiva y el conocimiento de la Palabra de Dios, en contradicción con la meta de Pablo de que él ministraría al pueblo de Dios para profundizar su «fe» y su «conocimiento de la verdad que es según la piedad» (Tit 1:1, RVR 1960; cf. v. 9). Del mismo modo, si pensamos

---

[12]Otra interpretación común de Romanos 8:10 es que Pablo no se está hablando en absoluto de nuestros espíritus humanos, sino que *pneuma* aquí se refiere al Espíritu Santo, como en los versículos 9 y 11, de modo que la frase quiere decir que «el Espíritu es vida [para ustedes] a causa de la justicia» (vea la traducción de la NVI): vea Douglas Moo, *Romans 1–8, Wycliffe Exegetical Commentary* (Moody, Chicago, 1991), p. 525; John Murray, *The Epistle to the Romans*, NIC, 2 vols. (Eerdmans, Grand Rapids, 1959, 1965), 1:289-91.

[13]Berkhof, *Systematic Theology*, p. 191. 234.

que nuestro espíritu es una parte diferente de nosotros relacionada más directamente con Dios, podemos fácilmente empezar a descuidar el papel del estudio de la Biblia y la sabiduría madura para la toma de decisiones, y llevar a la excesiva dependencia del discernimiento «espiritual» en la esfera de la dirección, un énfasis que ha llevado, a lo largo de la historia de la iglesia, a muchos cristianos fanáticos a la enseñanza falsa y a prácticas incorrectas. Por último, la tricotomía puede llevarnos sutilmente a pensar que nuestras emociones no son importantes o no son de verdad espirituales, puesto que se piensa que son una parte del alma, no del espíritu.

Por otro lado, si apoyamos el punto de vista de la dicotomía que defiende una unidad general del hombre, resultará mucho más fácil evitar el error de menospreciar el valor de nuestro intelecto, nuestras emociones y el cuerpo físico. No pensaremos que nuestros cuerpos son algo inherentemente malo o de poca importancia. Tal perspectiva de la dicotomía dentro de la unidad nos ayudará también a recordar que, en esta vida, hay una interacción continua entre cuerpo y espíritu, y que se afectan el uno al otro: «Gran remedio es el corazón alegre, pero el ánimo decaído seca los huesos» (Pr 17:22).[14]

Además, hacer hincapié de forma saludable en la dicotomía dentro de una unidad general nos recuerda que el crecimiento cristiano debe incluir a todos los aspectos de nuestra vida. Estamos llamados a purificarnos «de todo lo que contamina el cuerpo y el espíritu, para completar en el temor de Dios la obra de nuestra santificación» (2 Co 7:1). Debemos crecer en el «conocimiento de Dios» (Col 1:10), y nuestras emociones y deseos deben conformarse cada vez más a los deseos del Espíritu (Gá 5:17), lo que trae consigo un aumento creciente en emociones piadosas como la paz, el gozo, el amor,[15] etc. (Gá 5:22).

E. Las Escrituras hablan de una parte inmaterial del hombre que puede existir sin el cuerpo

Un cierto número de filósofos que no son cristianos han combatido vigorosamente la idea de que el hombre tenga una parte inmaterial llamada alma o espíritu.[16] Quizá en parte como respuesta a esa crítica, a algunos teólogos evangélicos se les ha visto titubear en la afirmación de la dicotomía en la existencia humana.[17] En su lugar han afirmado repetidas veces que la Biblia contempla al hombre como una unidad, un hecho que es cierto, pero que no debiera usarse para negar que las Escrituras también ven la naturaleza unificada del hombre compuesta de dos elementos diferentes. Por supuesto, algunos filósofos que asumen que no hay esfera espiritual más allá del alcance de la percepción de nuestros sentidos —y que partiendo de esa suposición argumentan que no hay Dios, cielo, ángeles ni demonios porque no los perciben nuestros sentidos— usan argumentos

[14]Aunque muchos pasajes de las Escrituras nos recuerdan que nuestros cuerpos y espíritus interactúan el uno con el otro y se afectan el uno al otro, las Escrituras no nos dicen mucho cómo lo hacen. Berkhof sabiamente dice: «El cuerpo y el alma son sustancias distintas que interactúan, aunque su manera de hacerlo escapa al escrutinio humano y permanece como un misterio para nosotros» (*Systematic Theology*, p. 195).

[15]Algunas personas objetarán diciendo que el amor no es simplemente una emoción, porque la vemos en acción y con frecuencia podemos llevar a cabo acciones amorosas a favor de otros aunque no sintamos amor hacia

ellos. Yo estoy de acuerdo con esto, pero hay ciertamente un componente emocional en el amor —podemos sentir amor hacia otros— y perderíamos mucho de la riqueza de nuestra relación con Dios y con otros si tratáramos de negar esto.

[16]Vea las reflexiones de Millard Ericsson en *Christian Theology*, pp. 530-36, con notas de alguna literatura.

[17]Vea, por ejemplo, G.C. Berkouwer, *Man, the Image of God*, pp. 194-233.

similares para negar la existencia de un alma dentro de los seres humanos. La percepción de que tenemos un espíritu o alma pertenece a la esfera de lo espiritual e invisible, y es, aun en los cristianos, generalmente solo una percepción débil y subjetiva. Por tanto, nuestro conocimiento de la existencia del alma humana debemos basarlo primariamente en las Escrituras, en las cuales Dios claramente testifica de la existencia de esta parte inmaterial de nuestro ser. El hecho de que esta verdad acerca de nuestra existencia no pueda conocerse con claridad aparte del testimonio de las Escrituras no debiera hacer que nos privemos de afirmarla.

Las Escrituras son muy claras en cuanto a que tenemos un alma que nos es lo mismo que nuestro cuerpo físico, y que no solo puede funcionar un tanto independientemente de nuestro proceso de pensamiento ordinario (1 Co 14:14; Ro 8:16), sino que también, cuando morimos, puede continuar actuando conscientemente y relacionándose con Dios aparte de nuestro cuerpo físico. Jesús le dijo al malhechor moribundo: «Te aseguro que hoy estarás conmigo en el paraíso» (Lc 23:43), aun cuando, en ambos casos, sus cuerpos muy pronto iban a estar muertos. Cuando Esteban estaba muriendo, sabía que pasaría inmediatamente a la presencia del Señor, porque oró diciendo: «Señor Jesús, recibe mi *espíritu*» (Hch 7:59). Pablo no le temía a la muerte, porque dice: «[Mi] deseo [es] partir y estar con Cristo, lo cual es muchísimo mejor» (Fil 1:23). Lo compara con permanecer en esta vida, lo que llama «quedar en la carne» (Fil 1:24, RVR 1960). En realidad está diciendo: «preferiríamos *ausentarnos de este cuerpo* y vivir junto al Señor» (2 Co 5:8), lo que indicaba su confianza de que cuando muriera físicamente, su espíritu iría a la presencia del Señor y allí disfrutaría enseguida de la comunión con el Señor. El libro de Apocalipsis nos recuerda que «las almas de los que habían sufrido el martirio por causa de la palabra de Dios y por mantenerse fieles en su testimonio» (Ap 6:9) están en el cielo y pueden clamar a Dios que haga justicia en la tierra (Ap 6:10; cf. también 20:4).

Por tanto, aunque tenemos que estar de acuerdo en que, en esta vida, las Escrituras nos contemplan como una unidad en la que el cuerpo y el espíritu actúan juntos como una persona, habrá un tiempo entre nuestra muerte y el día del regreso de Cristo cuando nuestro espíritu existirá temporalmente aparte de nuestro cuerpo físico.[18]

F. ¿De dónde procede el alma?

¿Cuál es el origen del alma de cada uno de nosotros? Dos perspectivas han sido comunes en la historia de la iglesia.

El *creacionismo* es el punto de vista de que Dios crea un alma para cada persona y la envía al cuerpo de esa persona en algún momento entre la concepción y el nacimiento. El *traducianismo* (o generacionismo), por su parte, sostiene que el alma y el cuerpo de un niño llegan como herencia de los padres en el momento de la concepción. Ambas perspectivas han tenido numerosos defensores en la historia de la iglesia, y el creacionismo ha terminado siendo la perspectiva prevaleciente en la Iglesia Católica Romana. Lutero se mostró a favor del traducianismo, mientras que Calvino abogó por el creacionismo.

---

[18]Vea más sobre el estudio del «estado intermedio» entre la muerte y el regreso de Cristo en *Salvación*, pp. 192-200.

Por otro lado, ha habido algunos teólogos calvinistas posteriores, tales como Jonathan Edwards y A. H. Strong, que favorecieron el traducianismo (como lo hacen hoy la mayoría de los luteranos). El creacionismo ha tenido también muchos defensores entre los evangélicos de hoy.[19]

Está también el punto de vista bastante popular de la preexistencia, esto es, que las almas de las personas existen en el cielo desde mucho antes de que sus cuerpos sean concebidos en el vientre de sus madres, y que entonces Dios envía el alma a la tierra para que se una con el cuerpo del bebé al ir creciendo éste en el vientre. Pero este punto de vista no lo defienden los teólogos católicos ni los protestantes, y está peligrosamente relacionado con las ideas de la reencarnación que encontramos en las religiones orientales. Además, no hay apoyo para este punto de vista en las Escrituras. Antes que fuéramos concebidos en el vientre de nuestras madres, no existíamos. No éramos nada. Por supuesto, Dios podía contemplar el futuro y sabía que existiríamos, pero eso está muy lejos de decir que existíamos en tiempos remotos. Una idea así tendería a hacernos ver esta vida presente como algo de transición o poco importante y nos llevaría a pensar que la vida en este cuerpo es menos deseable, y que tener hijos y criarlos es menos importante.

Podemos decir a favor del traducianismo que Dios creó al hombre a su propia imagen (Gn 1:27), y que esto incluye una semejanza a Dios en su maravillosa facultad de «crear» otros seres humanos como nosotros mismos. Por tanto, así como el resto del mundo de los animales y las plantas tienen descendientes «según su especie» (Gn 1:24), también Adán y Eva fueron capaces de tener hijos que fueran como ellos mismos, con una naturaleza espiritual y un cuerpo físico. Entonces implica que el espíritu o el alma de los hijos de Adán y Eva se derivaban de Adán y Eva mismos. Además, las Escrituras pueden a veces decir que los descendientes estaban de alguna forma presentes en el cuerpo de alguien de la anterior generación, como cuando el autor de Hebreos dice que cuando Melquisedec se encontró con Abraham ya «Leví estaba presente en su antepasado Abraham cuando Melquisedec le salió al encuentro» (Heb 7:10). Por último, el traducianismo podría explicar cómo puede pasar el pecado de los padres a los hijos sin hacer a Dios directamente responsable por la creación de un alma que es pecaminosa o que tiene una disposición tendiente a pecar.

Sin embargo, los argumentos bíblicos a favor del creacionismo parecen abordar más directamente al asunto y le dan un apoyo bastante fuerte a esta idea. Primero, en Salmos 127 dice: «Los hijos son una herencia del Señor, los frutos del vientre son una recompensa» (v. 3). Esto indica que no solo el alma, sino toda la persona del hijo, incluyendo su cuerpo, es un don de Dios. Desde este punto de vista, parece extraño pensar que a la madre y al padre pueda atribuírseles algún aspecto de la existencia del hijo. ¿No fue al Señor a quien David dice: «tú creaste mis entrañas; me formaste en el vientre de mi madre» (Sal 139:13)? Isaías dice que Dios «da aliento al pueblo que mora sobre ella, y espíritu a los que por ella andan» (Is 42:5, RVR 1960).[20] Zacarías se refiere a Dios como el que «forma el espíritu del hombre dentro de él» (Zac 12:1, RVR 1960). El autor de Hebreos habla de Dios

---

[19] Vea, por ejemplo, Berkholf, *Systematic Theology*, pp. 196-201.

[20] La NVI traduce «vida» en vez de «espíritu», pero la palabra es *rúakj*, la palabra hebrea común para «espíritu».

como el «Padre de los espíritus» (Heb 12:9). Al leer estos versículos resulta difícil escapar a la conclusión de que Dios es quien crea nuestro espíritu o alma.

Pero debemos ser cuidadosos al sacar conclusiones basadas en esta información. Nuestras reflexiones sobre la doctrina de la providencia en el capítulo 9 de *Quién es Dios* demostraron que Dios generalmente actúa por medio de causas secundarias. Dios con frecuencia consigue los resultados que busca por medio de las acciones de los seres humanos. Esto es ciertamente así en la concepción y crianza de los hijos. Aun si decimos que Dios no crea almas individuales para los seres humanos antes de que estos nazcan, y que él es el que permite que los niños sean concebidos y nazcan, debemos también reconocer que sin la unión física del hombre y la mujer en la concepción de un hijo, ¡no nace ningún niño! De manera que no debemos caer en el error de decir que el padre y la madre no tienen nada que ver en la creación de un hijo. Aun si decimos que Dios es el «Padre de los espíritus» y el Creador de toda alma humana, así como es el Creador y Hacedor de cada uno de nosotros, todavía tenemos que afirmar que Dios lleva a cabo su actividad creadora por medio del proceso maravilloso de la procreación humana. Si Dios involucra al padre y a la madre humanos hasta cierto grado en el proceso de la creación del alma así como del cuerpo, nos es imposible decirlo. Es algo que sucede en el ámbito invisible del espíritu, sobre el cual no tenemos información aparte de las Escrituras. Y en este punto las Escrituras no nos dan suficiente información para poder determinarlo.

Sin embargo, debemos decir que los argumentos mencionados arriba a favor del traducionismo no son muy convincentes. El hecho de que Adán y Eva tuvieron hijos a su propia imagen (vea Gn 5:3) podría sugerir que los hijos de alguna manera heredan un alma de sus padres, pero también podría indicar que Dios le da un alma individualmente creada al hijo y que esa alma es coherente con los rasgos hereditarios y características de personalidad que Dios le permite a ese hijo tener por descender de esos padres. La idea de que Leví estaba todavía en el cuerpo de Abraham (Heb 7:10) la entendemos mejor en un sentido representativo o figurado, no en un sentido literal. Además, no está hablando solo acerca del alma de Leví en este caso, sino de Leví mismo, como una persona total, incluyendo su cuerpo y alma, aunque el cuerpo de Leví no estaba ciertamente presente en un sentido físico en ningún sentido significativo en el cuerpo de Abraham, porque no había ninguna combinación de genes distintiva en ese momento que dijera que eran las de Leví y no la de otra persona. Por último, puesto que Dios hace que sucedan los acontecimientos en el mundo físico que son coherentes con las decisiones voluntarias de los seres humanos, no parece que haya ninguna verdadera dificultad teológica en decir que Dios da a cada hijo un alma humana que tiene tendencias a pecar que son similares a las tendencias que encontramos en los padres. De hecho, leemos en los Diez Mandamientos que Dios visita «la maldad de los padres sobre los hijos hasta la tercera y cuarta generación de los que me aborrecen» (Éx 20:5, RVR 1960), y, muy aparte de la cuestión del alma, sabemos por la experiencia humana que los hijos en realidad tienden a imitar los rasgos de personalidad tanto buenos como malos de la vida de los padres, no solo como un resultado de la imitación sino también debido a la disposición hereditaria. Porque el hecho de que Dios da a cada niño un alma que está en armonía con la imitación de los padres que vemos en la vida de los hijos sería una indicación de que Dios, al crear un alma humana, actúa coherentemente con la manera en que actúa en relación con la raza humana en otros asuntos también.

En conclusión, parece que es difícil de evitar el testimonio de las Escrituras de que en efecto Dios activamente crea cada alma humana del mismo modo que está activo en todo lo que sucede en la creación. Pero no encontramos explicado en las Escrituras hasta qué grado permite él el uso de causas intermedias o secundarias (esto es, la herencia de los padres). Por tanto, no parece que sea provechoso el dedicar más tiempo a especular sobre esa cuestión.

PREGUNTAS DE APLICACIÓN PERSONAL

1. En su propia experiencia cristiana, ¿está consciente de que usted es algo más que un cuerpo físico, de que tiene una parte inmaterial que podría muy bien ser llamada alma o espíritu? ¿En qué momentos está usted especialmente consciente de la existencia de su espíritu? ¿Puede usted describir cómo es eso de que el Espíritu Santo da testimonio a su espíritu de que usted es un hijo de Dios (Ro 8:16), o tener en su espíritu conciencia de la presencia de Dios (Jn 4:23; Fil 3:3), o estar angustiado en su espíritu (Jn 12:27; 13:21; Hch 17:16; 2 Co 2:13), o tener su espíritu adorando a Dios (Lc 1:47; Sal 103:1), o amar a Dios con toda el alma (Mr 12:30)? Por otra parte, ¿hay momentos cuando se siente espiritualmente apagado o insensible? ¿Piensa usted que un aspecto del crecimiento cristiano podría incluir una creciente sensibilidad al estado de su alma o espíritu?

2. Antes de leer este capítulo, ¿se inclinaba usted por la dicotomía o la tricotomía? ¿Cuál es su punto de vista? Si usted ha cambiado al punto de vista de la dicotomía después de leer este capítulo, ¿cree usted que tendrá un aprecio más elevado por las actividades de su cuerpo, su mente y sus emociones? Si se inclina por la tricotomía, ¿cómo puede protegerse en contra de algunos de los peligros mencionados en este capítulo?

3. Cuando uno está orando o cantando alabanzas a Dios, ¿basta con cantar o decir palabras, sin estar consciente de lo que está diciendo? ¿Es suficiente estar consciente de lo que uno está diciendo sin de verdad sentirlo? Si usted de verdad está diciendo las palabras con todo su ser, ¿qué aspectos de su persona participan en una oración y adoración genuinas? ¿Cree usted que a veces tiende a descuidar uno u otro aspecto?

4. Puesto que las Escrituras nos animan a crecer en santidad en nuestro cuerpo así como en nuestro espíritu (2 Co 7:1), ¿qué significaría específicamente para usted ser obediente a ese mandamiento?

TÉRMINOS ESPECIALES

alma	monismo
creacionismo	traducianismo
dicotomía	tricotomía
espíritu	

BIBLIOGRAFÍA

Nota: Varios de los libros en la lista de la bibliografía del capítulo 2, sobre la creación del hombre a imagen de Dios, también tienen secciones sobre la naturaleza esencial del hombre y el origen del alma.

Colwell, J. E. «Anthropology». En NDT pp. 28–30.

Cooper, John W. Body, *Soul, and Life Everlasting: Biblical Anthropology and the Monism-Dualism Debate*. Eerdmans, Grand Rapids, 1989.

Delitzsch, F. A *System of Biblical Psychology*. Trad. por R. E. Wallis. 2ª ed. . Baker, Grand Rapids, 1966.

Gundry, Robert H. *Soma in Biblical Theology With Emphasis on Pauline Anthropology*. Zondervan, Grand Rapids, 1987.

Heard, J. B. *The Tripartite Nature of Man*. 5a ed. T. & T, Edinburgh. Clark, 1882.

Hoekema, Anthony A. «The Whole Person». En *Created in God's Image*. Eerdmans, Grand Rapids, y Paternoster, Exeter, 1986, pp. 203–26. En español, *Creados a imagen de Dios*. Grand Rapids, Mich: Libros Desafío, 2005.

Ladd, George Eldon. «The Pauline Psychology». En *A Theology of the New Testament*. Eerdmans, Grand Rapids, 1974, pp. 457–78.

Laidlaw, John. *The Bible Doctrine of Man*. 2ª ed. . T. & T, Edinburgh. Clark, 1905.

McDonald, H. D. «Man, Doctrine of». En *EDT* pp. 676–80.

PASAJE BÍBLICO PARA MEMORIZAR

2 Corintios 7:1: *Como tenemos estas promesas, queridos hermanos, purifiquémonos de todo lo que contamina el cuerpo y el espíritu, para completar en el temor de Dios la obra de nuestra santificación.*

HIMNO

«Quiero gozar de su presencia»

De Jesús en la presencia mi alma ansiosa quiere estar,
Quiere oír su voz hermosa, y su gloria contemplar;
En mis luchas y conflictos contra el fiero tentador,
La victoria me asegura mi glorioso Salvador,
mi glorioso Salvador.

Cuando mi alma está sedienta en mi carrera terrenal,
Bebo el agua cristalina del perenne manantial;
Con mi Salvador disfruto de tan dulce comunión,
Que transporta el alma al cielo, y conforta el corazón,
y conforta el corazón.

Si tan sólo le refiero mi quebranto y mi dolor,
Con ternura los mitiga con su bálsamo de amor;
Mis necesidades suple, nada aquí me faltará,
Ni la vida ni la muerte del Señor me apartará,
del Señor me apartará.

¿Quieres tú también gozar de la presencia del Señor,
Puedes encontrar asilo de sus alas al calor;
En tu vida la hermosura de su gloria brillará,
Y su celestial imagen en tu rostro se verá,
en tu rostro se verá.

AUTOR: ELLEN LASHMI GOREH, TRAD., S. D. ATHANS
(TOMADO DE JOYAS FAVORITAS 1 # 53)

Capítulo 5

EL PECADO

¿Qué es el pecado? ¿De dónde viene?
¿Heredamos la naturaleza pecaminosa de Adán?
¿Heredamos la culpa de Adán?

EXPLICACIÓN Y BASE BÍBLICA

A. La definición de pecado

La historia de la raza humana aparece en las Escrituras primariamente como la historia del hombre en un estado de pecado y rebelión contra Dios, y del plan de redención de Dios para llevar al hombre de regreso a la comunión con él. Por tanto, es apropiado considerar ahora la naturaleza del pecado que separa al hombre de Dios.

Podemos definir el pecado de la siguiente manera: *el pecado es no conformarnos a la ley moral de Dios en acciones, actitudes o naturaleza.* Lo definimos aquí en relación con Dios y su ley moral. El pecado incluye no solo las *acciones* individuales tales como robar o mentir o matar, sino también las *actitudes* que son contrarias a las actitudes que Dios requiere de nosotros. Esto lo vemos ya en los Diez Mandamientos, los cuales no solo prohíben acciones pecaminosas sino también actitudes erróneas: «No codicies la casa de tu prójimo: No codicies su esposa, ni su esclavo, ni su esclava, ni su buey, ni su burro, ni nada que le pertenezca» (Éx 20:17). Aquí Dios especifica que el deseo de robar o de cometer adulterio es también pecado ante sus ojos. El Sermón del Monte también prohíbe actitudes pecaminosas tales como el enojo (Mt 5:22) y la lujuria (Mt 5:28). Pablo menciona actitudes tales como los celos, el enojo o el egoísmo (Gá 5:20) como cosas que son las obras de la carne opuestas a los deseos del Espíritu (Gá 5:20). Por tanto, una vida que agrada a Dios tiene pureza moral no solo en las acciones, sino también en los deseos del corazón. De hecho, el más grande de los mandamientos requiere que tenga el corazón lleno de una actitud de amor a Dios: «Ama al Señor tu Dios con todo tu corazón, con toda tu alma, con toda tu mente y con todas tus fuerzas» (Mr 12:30).

La definición de pecado que hemos dado arriba especifica que el pecado es no conformarnos con la ley moral de Dios no solo en *acción* y *actitud*, sino también en nuestra *naturaleza moral*. Nuestra misma naturaleza, el carácter interno que es la esencia de quiénes somos como personas, también puede ser pecaminosa. Antes de que Cristo nos redimiera, no solo cometíamos acciones pecaminosas y teníamos actitudes pecaminosas, sino que éramos pecadores por naturaleza. Por eso Pablo puede decir que «cuando *todavía éramos pecadores*, Cristo murió por nosotros» (Ro 5:8), o que anteriormente, «como los demás, éramos por naturaleza objetos de la ira de Dios» (Ef 2:3). Aun cuando está durmiendo, un inconverso, aunque no esté cometiendo acciones pecaminosas ni cultivando activamente actitudes pecaminosas, es un «pecador» a los ojos de Dios; todavía tiene una naturaleza de pecado que no se conforma a la ley moral de Dios.

Se han sugerido otras definiciones del carácter esencial del pecado. Probablemente la definición más común es decir que la esencia del pecado es egoísmo.[1] Sin embargo, esa definición es insatisfactoria porque (1) las Escrituras mismas no definen el pecado de esa manera, (2) mucho del interés propio es bueno y está aprobado por las Escrituras, como cuando Jesús manda que «acumulen para sí tesoros en el cielo» (Mt 6:20), o cuando buscamos crecer en santificación y madurez cristiana (1 Ts 4:3), o aun cuando nos acercamos a Dios por medio de Cristo Jesús para nuestra salvación. Dios sin duda apela a nuestro interés propio de personas pecaminosas cuando dice: «¡Conviértete, pueblo de Israel; conviértete de tu conducta perversa! ¿Por qué habrás de morir?» (Ez 33:11). Definir el carácter esencial del pecado como egoísmo llevaría a muchas personas a pensar que deben abandonar todo beneficio personal, lo que es por supuesto contrario a las Escrituras.[2] (3) Gran parte del pecado no es egoísmo en el sentido ordinario del término, pues las personas pueden mostrar una dedicación *desinteresada* a la religión falsa o a la educación secular o humanista o a metas políticas que son contrarias a las Escrituras, sin embargo esto no sería «egoísmo» en el sentido ordinario de la palabra. Además, el odio a Dios, la idolatría y la incredulidad no son por lo general frutos del egoísmo, pero son pecados graves. (4) Una definición así podría sugerir que hay algo equivocado o pecaminoso incluso en Dios, puesto que la meta más elevada de Dios es la búsqueda de su propia gloria (Is 42:8; 43:7, 21; Ef 1:12).[3] Pero esa conclusión es claramente errónea.

Es mucho mejor definir el pecado en la manera en que las Escrituras lo hacen, en relación con la ley moral de Dios y su carácter moral. Juan nos dice que «todo el que

---

[1]Vea, por ejemplo, A. H. Strong, *Systematic Theology*, pp. 567-73. Sin embargo, Strong define el egoísmo como una manera muy específica que es diferente del sentido ordinario del término cuando se usa para hablar solo de interés propio o de interés propio a expensas de otra persona. Strong considera el egoísmo como «la elección del yo como el fin supremo, lo cual constituye la antítesis del amor supremo a Dios» (p. 567) y como «la elección positiva y fundamental de preferir el yo en vez de a Dios, como el objeto de afecto y del fin supremo del ser» (p. 572). Al definir el egoísmo en relación con Dios, y específicamente como lo opuesto a amar a Dios, y como lo opuesto al «amor de aquello que es lo más característico y fundamental en Dios, es decir, su santidad» (p. 567), Strong ha hecho en realidad el «egoísmo» aproximadamente equivalente a nuestra definición (la falta de conformidad con la ley moral de Dios, especialmente en el área de la actitud (lo cual, él explica, resulta en acción). Cuando Strong define el «egoísmo» de esta forma tan poco usual, su definición no es en realidad incoherente con las Escrituras, porque él está diciendo que el pecado es lo opuesto al gran mandamiento de amar a Dios con todo tu corazón. El problema con esta definición, sin embargo, es que usa la palabra egoísmo en una manera que no es entendida comúnmente, y, por tanto, su definición de pecado queda con frecuencia abierta a ser malentendida. Nuestro análisis en esta sección no es objetar al pecado como egoísmo en el sentido poco usual que le da Strong, sino más bien en la manera en que el término egoísmo es generalmente entendido.

[2]Por supuesto, el egoísmo que busca nuestro propio bien a expensas de otros es erróneo, y eso es lo que las Escrituras quieren decir cuando nos dicen: «No hagan nada por egoísmo o vanidad; más bien, con humildad consideren a los demás como superiores a ustedes mismos» (Fil 2:3). Con todo, la distinción entre egoísmo en el sentido equivocado y el amor propio bíblicamente iluminado no está claro en la mente de muchas personas.

[3]Vea las reflexiones sobre el celo de Dios, p. 91.

comete pecado quebranta la ley; de hecho, el pecado es transgresión de la ley» (1 Jn 3:4). Cuando Pablo busca demostrar la pecaminosidad universal de la humanidad, apela a la ley de Dios, ya sea la ley escrita que fue dada a los judíos (Ro 2:17-29) o la ley no escrita que funciona en la conciencia de los gentiles quienes, mediante su comportamiento, «muestran que llevan escrito en su corazón lo que la ley exige, como lo atestigua su conciencia» (Ro 2:15). En cada caso su pecaminosidad queda demostrada por su falta de conformidad con la ley moral de Dios.

Por último, debiéramos notar que esta definición hace hincapié en la seriedad del pecado. Nos damos cuenta por experiencia de que el pecado es perjudicial para nuestra vida, que nos trae dolor y consecuencias destructivas para nosotros y para todos los que son afectados por él. Pero definir el pecado como la falta de conformidad con la ley moral de Dios es decir que el pecado es algo más que doloroso y destructivo, que es también *malo* en el sentido más profundo de la palabra. En un universo creado por Dios, *no se debe aprobar el pecado*. El pecado está en directa oposición a todo lo que es bueno en el carácter de Dios, y así como Dios necesaria y eternamente se deleita en sí mismo y en todo lo que él es, también necesaria y eternamente aborrece el pecado. Es, en esencia, la contradicción de la excelencia de su carácter moral. Contradice su santidad, y tiene que aborrecerlo.

B. El origen del pecado

¿De dónde viene el pecado? ¿Cómo entró en el universo? Primero, debemos afirmar claramente que Dios no pecó, y que no se le puede echar la culpa del pecado. Fue el hombre quien pecó, y fueron los ángeles los que pecaron, y en ambos casos lo hicieron adrede y voluntariamente. Culpar a Dios por el pecado sería blasfemar en contra del carácter de Dios. «Sus obras son perfectas, y todos sus caminos son justos» (Dt 32:4). Abraham pregunta con verdad y fuerza en sus palabras: «El Juez de toda la tierra, ¿no hará justicia?» (Gn 18:25). Y Eliú dice correctamente: «¡Es inconcebible que Dios haga lo malo, que el Todopoderoso cometa injusticia!» (Job 34:10). De hecho, es incluso imposible que Dios desee hacer el mal, «porque Dios no puede ser tentado por el mal, ni tampoco tienta él a nadie» (Stg 1:13).

Pero, por otro lado, nos debemos guardar del error opuesto: sería erróneo que dijéramos que hay un poder malo que existe eternamente en el universo similar o igual al poder de Dios. Decir eso sería afirmar lo que es conocido como el «dualismo» en el universo, es decir, la existencia de dos poderes igualmente supremos, uno bueno y el otro malo.[4] Tampoco debemos pensar que el pecado sorprendió a Dios ni que es un reto ni que supera su omnipotencia o su control providencial sobre el universo. Por tanto, aunque nunca debemos decir que Dios mismo pecó ni que él es el culpable del pecado, debemos también afirmar que el Dios «que hace todas las cosas conforme al designio de su voluntad» (Ef 1:11), el Dios que «hace lo que quiere con los poderes celestiales y con los pueblos de la tierra [y] no hay quien se oponga a su poder ni quien le pida cuentas de sus actos» (Dn 4:35), estableció que el pecado entrara en el mundo, aunque no se deleita

---

[4]Vea las reflexiones sobre el dualismo en *Quién es Dios*, pp. 159-160.

en ello y aunque estableció que entrara por medio de las decisiones voluntarias de criaturas morales.[5]

Aun antes de la desobediencia de Adán y Eva, el pecado ya estaba presente en el mundo angelical con la caída de Satanás y los demonios.[6] Pero con respecto a la raza humana, el primer pecado fue el de Adán y Eva en el huerto del Edén (Gn 3:1-19). El que ellos comieran del fruto del árbol del conocimiento del bien y del mal es en muchos sentidos típico del pecado en general. Primero, el pecado ataca la base del conocimiento, porque da una respuesta diferente a la pregunta: «¿Qué es verdad». Mientras que Dios había dicho que Adán y Eva morirían si comían del fruto del árbol (Gn 2:17), la serpiente dijo: «¡No es cierto, no van a morir!» (Gn 3:4). Eva decidió dudar de la veracidad de la palabra de Dios y llevó a cabo un experimento para comprobar si Dios les había dicho la verdad.

Segundo, el pecado ataca la base de las normas morales porque da una respuesta diferente a la pregunta «¿Qué es lo bueno?» Dios había dicho que era moralmente correcto para Adán y Eva no comer del fruto de aquel árbol (Gn 2:17). Pero la serpiente sugirió que estaría bien el comer, y que al hacerlo Adán y Eva llegarían «a ser como Dios» (Gn 3:5). Eva confió en su propia evaluación de lo que era recto y de lo que sería bueno para ella, en vez de permitir que la palabra de Dios definiera lo que era bueno o malo. «Vio que el fruto del árbol era bueno para comer, y que tenía buen aspecto y era deseable para adquirir sabiduría, así que tomó de su fruto y comió» (Gn 3:6).

Tercero, su pecado dio una respuesta diferente a la pregunta «¿Quién soy yo?». La respuesta correcta era que Adán y Eva eran criaturas de Dios, dependientes de él y subordinadas a él como Creador y Señor. Pero Eva, y luego Adán, sucumbieron a la tentación de ser «como Dios» (Gn 3:5), con lo que intentaron ponerse en el lugar de Dios.

Es importante insistir en la veracidad histórica del relato de la Caída de Adán y Eva. Así como la narración de la creación de Adán y Eva está ligada al resto de la narrativa histórica del libro del Génesis,[7] también este relato de la Caída del hombre, que sigue a la narración de la creación del hombre, el autor lo presenta en una forma sencilla e histórica. Además, los autores del Nuevo Testamento se basan en estos relatos para afirmar que «por medio de un solo hombre el pecado entró en el mundo» (Ro 5:12) e insisten en que «el juicio que lleva a la condenación fue el resultado de un solo pecado» (Ro 5:16) y que «la serpiente con su astucia engañó a Eva» (2 Co 11:3; cf. 1 Ti 2:14). La serpiente, sin duda alguna, era una serpiente física auténtica, pero que hablaba porque Satanás con su poder lo hacía por medio de ella (cf. Gn 3:15 con Ro 16:20; también Nm 22:28-30; Ap 12:9; 20:2).

Por último, debiéramos notar que todo pecado es en última instancia irracional. No tenía sentido que Satanás se rebelara contra Dios con la expectativa de poder exaltarse por encima de Dios. Como tampoco tuvo sentido que Adán y Eva pensaran que podía haber alguna ganancia en desobedecer las palabras de su Creador. Estas fueron decisiones necias. La persistencia de Satanás de seguir rebelándose en contra de Dios es todavía una decisión insensata, como lo es la decisión de los seres humanos de continuar en un

---

[5] Vea *Quién es Dios*, pp. 336-45, para una consideración más completa de la providencia de Dios en relación con el mal. «Tú no eres un Dios que se complazca en lo malo» (Sal 5:4), sino que «aborrece a los que aman la violencia» (Sal 11:5), de manera que Dios ciertamente no se complace en el pecado; no obstante, para sus propios propósitos, y en una manera que todavía permanece en gran medida como un misterio para nosotros, Dios estableció que el pecado entrara en el mundo.

[6] Vea las consideraciones sobre el pecado de los ángeles en *Quién es Dios*, pp. 288-90.

[7] Vea también *Quién es Dios*, pp. 155-56, sobre la necesidad de insistir en la historicidad de Adán y Eva como personas específicas.

estado de rebelión contra Dios. No es una decisión sabia, pero «dice el necio en su corazón: "No hay Dios"» (Sal 14:1). Es el «necio» en el libro de Proverbios el que temerariamente se mete en toda clase de pecados (vea Pr 10:23; 12:15; 14:7, 16; 15:5; 18:2; et al.). Aunque las personas a veces se convencen a sí mismas de que tienen buenas razones para pecar, cuando se examine a la fría luz de la verdad en el día del juicio, se verá en cada caso que el pecado en última instancia no tiene sentido.

C. La doctrina del pecado heredado[8]

¿Cómo nos afecta el pecado de Adán? Las Escrituras nos enseñan que heredamos el pecado de Adán en dos formas.

1. Heredamos la culpa: somos declarados culpables a causa del pecado de Adán. Pablo explica los efectos del pecado de Adán de la siguiente manera: «Por medio de un solo hombre el pecado entró en el mundo, y por medio del pecado entró la muerte; fue así como la muerte pasó a toda la humanidad, porque todos pecaron» (Ro 5:12). El contexto nos dice que Pablo no está hablando de los pecados que las personas cometen cada día, porque todo el párrafo (Ro 5:12-21) está haciendo una comparación entre Adán y Cristo. Nos está diciendo que por medio del pecado de Adán la muerte se extendió a todos los hombres pues todos pecaron.[9]

La idea de que «todos pecaron» significa que Dios piensa de nosotros como que todos pecamos cuando Adán desobedeció, queda aun más recalcado en los dos siguientes versículos, donde Pablo dice:

> Antes de promulgarse la ley, ya existía el pecado en el mundo. Es cierto que el pecado no se toma en cuenta cuando no hay ley; sin embargo, desde Adán hasta Moisés la muerte reinó, incluso sobre los que no pecaron quebrantando un mandato, como lo hizo Adán, quien es figura de aquel que había de venir.
> (Ro 5:13-14)

Pablo nos está diciendo aquí que desde el tiempo de Adán al tiempo de Moisés, las personas no tenían la ley escrita de Dios. Sus pecados no fueron «tomados en cuenta» (como infracciones de la ley), pero no obstante murieron. El hecho de que murieron es una buena prueba de que Dios los consideró culpables basándose en el pecado de Adán.

---

[8]Estoy usando la frase «pecado heredado» más bien que la designación más común de «pecado original» porque la frase «pecado original» parece que se malentiende con facilidad en su referencia al primer pecado de Adán, más que a nuestro pecado como un resultado de la caída de Adán (tradicionalmente el significado técnico). La frase «pecado heredado» se entiende mucho mejor y está menos sujeta a malentendidos. Algunos pueden objetar que, hablando técnicamente, no «heredamos» culpa porque es algo que Dios nos ha imputado directamente y no nos ha llegado por medio de la herencia de nuestros padres como sucede con la tendencia a las acciones pecaminosas (llamadas tradicionalmente «contaminación original», y que aquí las llamamos «corrupción heredada»). Pero el hecho de que nuestra culpa legal la heredamos directamente de Adán y no por medio de una línea de

antepasados no hace que sea menos heredada. La culpa es nuestra porque perteneció a nuestro primer padre, Adán, y la heredamos de él.

[9]El aoristo de indicativo del verbo *hemarton* en las narraciones históricas indica una acción pasada completada. Pablo está diciendo aquí que algo sucedió y que fue completado en el pasado, esto es, «porque todos pecaron». Pero no era cierto que todos los hombres hubieran cometido acciones pecaminosas en el tiempo en que Pablo estaba escribiendo; algunos incluso ni siquiera habían nacido, y muchos otros habían muerto en la infancia antes de cometer ningún acto consciente de pecado. De modo que lo que Pablo está diciendo es que cuando Adán pecó, Dios consideró cierto que todos los hombres pecaron en Adán.

La idea de que Dios nos consideró culpables debido al pecado de Adán se sigue rea-firmando aun más en Romanos 5:18-19:

> Así como una sola transgresión causó la condenación de todos, también un solo acto de justicia produjo la justificación que da vida a todos. Porque así como por *la desobediencia de uno solo muchos fueron constituidos pecadores*, también por la obediencia de uno solo muchos serán constituidos justos.

Pablo está diciendo aquí explícitamente que por medio de la transgresión de un solo hombre «muchos fueron constituidos [gr. *katestathesan*, que es también un aoristo de indicativo que habla de una acción pasada completada] pecadores». Cuando Adán pecó, Dios consideró pecadores a todos los descendientes de Adán. Aunque nosotros todavía no existíamos, Dios, mirando al futuro y sabiendo que existiríamos, empezó a conside-rarnos culpables como Adán. Esto es también coherente con la declaración de Pablo de que «cuando todavía éramos pecadores, Cristo murió por nosotros» (Ro 5:8). Por supues-to, algunos de nosotros ni siquiera existíamos cuando Cristo murió; pero, no obstante, Dios nos consideró pecadores que necesitábamos salvación.

La conclusión que podemos sacar de estos versículos es que todos los miembros de la raza humana estaban representados por Adán en el momento de su prueba en el huer-to del Edén. Como nuestro representante, Adán pecó, y Dios nos consideró a nosotros culpables como también a Adán. (Un término técnico que se usa a veces en este contexto es *imputar*, que significa «atribuir a otro una culpa, delito o acción reprobable».) Dios consideró que la culpa de Adán nos correspondía a nosotros, y puesto que Dios es el Juez supremo de todas las cosas en el universo, y dado que sus pensamientos son siempre co-rrectos, la culpa es nuestra también. Dios, correctamente, nos imputó la culpa de Adán.

A veces a la doctrina del pecado que heredamos de Adán se le llama doctrina del «pe-cado original». Como expliqué anteriormente,[10] no estoy usando esa expresión. Si se usa esa expresión, debiera recordarse que el pecado del que se habla no se refiere al primer pecado de Adán, sino a la culpa y tendencia a pecar con las que nacemos. Es «original» en el sentido de que procede de Adán, y es también original en que lo tenemos desde el comienzo de nuestra existencia como personas, pero es con todo del pecado nuestro, no del pecado de Adán, de lo que se habla. Paralela a la frase «pecado original» está la frase «culpa original». Es ese aspecto de la herencia de pecado de Adán de la que hemos estado hablando arriba, el concepto de que heredamos la culpa de Adán.

Cuando nos enfrentamos por primera vez a la idea de que se nos considera culpables por causa del pecado de Adán, nuestra tendencia es a protestar porque nos parece injusto. En realidad no decidimos pecar, ¿no es cierto? ¿Cómo entonces se nos puede considerar culpables? ¿Es justo que Dios así actúe? Podemos decir tres cosas para responder a esto: (1) Todo el que protesta diciendo que esto es injusto olvida que él también ha cometido voluntariamente muchos auténticos pecados por los cuales Dios también lo considera culpable. Estos constituirán la base primaria sobre la que se nos juzgará en el día final, porque Dios «pagará a cada uno según lo que *merezcan sus obras*» (Ro 2:6), y «el que hace

---

[10]Vea la nota 8.

el mal *pagará por su propia maldad*» (Col 3:25). (2) Además, algunos han argumentado: «Si hubiéramos estado en el lugar de Adán, también habríamos pecado como él lo hizo, y nuestra subsiguiente rebelión contra Dios lo demuestra». Pienso que esto es probablemente cierto, pero no parece ser un argumento concluyente, porque supone demasiado acerca de lo que podía haber sucedido o no sucedido. Esa incertidumbre puede que no ayude mucho a aliviar el sentido de que hay injusticia de algunos.

(3) La respuesta más persuasiva a esta objeción es señalar que si pensamos que es injusto estar representados por Adán, debiéramos también pensar que es injusto estar representados por Cristo y que Dios anote a nuestro favor su justicia. Porque el procedimiento que Dios usó fue el mismo, y eso es exactamente lo que Pablo está diciendo en Romanos 5:12-21: «Porque así como por *la desobediencia de uno solo muchos fueron constituidos pecadores*, también por la obediencia de uno solo muchos serán constituidos justos» (Ro 5:19). Adán, nuestro primer representante, pecó, y Dios nos consideró a nosotros culpables. Pero Cristo, el representante de todos los que creen en él, obedeció a Dios perfectamente, y Dios nos considera justos. Esta es sencillamente la manera en que Dios estableció que funcionara la raza humana. Dios considera a la raza humana como un todo orgánico, representada por Adán como su cabeza. Y Dios también tiene a la nueva raza de cristianos, a los que son redimidos por Dios, como un todo orgánico, una unidad representada por Cristo como cabeza de su pueblo.

Sin embargo, no todos los teólogos evangélicos están de acuerdo en que se nos considera culpables a causa del pecado de Adán. Algunos, especialmente los teólogos arminianos, piensan que esto sería injusto de parte de Dios y no creen que Pablo lo esté enseñando en Romanos 5.[11] No obstante, evangélicos de todas las denominaciones sí están de acuerdo en que recibimos una disposición pecaminosa o una tendencia al pecado como herencia de Adán, tema que vamos a considerar a continuación.

2. Corrupción heredada. Tenemos una naturaleza pecaminosa a causa del pecado de Adán. Además de la culpa legal que Dios nos imputa por causa del pecado de Adán, también heredamos una naturaleza pecaminosa debido a ese mismo pecado de Adán. Esta naturaleza pecaminosa heredada es llamada a veces el «pecado original» y a veces se la llama con más precisión «contaminación original». Yo he usado en su lugar la expresión «corrupción heredada» porque parece expresar más claramente la idea específica que tenemos entre manos. David dice: «Yo sé que soy malo de nacimiento; pecador me *concibió* mi madre» (Sal 51:5). Algunos han pensado equivocadamente que lo que tenemos aquí es el pecado de la madre de David, pero eso es incorrecto, porque nada en el contexto tiene que ver con la madre de David. David está confesando su propio pecado personal a lo largo de toda esta sección. Dice:

> Ten compasión de *mí,* oh Dios,
> … borra *mis* transgresiones.
> Lávame de toda *mi* maldad

[11]Vea, por ejemplo, un estudio completo en H. Orton Wiley, *Christian Theology*, 3 vols. (Beacon Hill Press, Kansas City, Mo, 1941-49), 3:109-40.

> y límpiame de *mi* pecado.
>> Yo reconozco *mis* transgresiones;
>>> Contra ti *he* pecado... (Sal 51:1-4)

David está tan abrumado por sus sentimientos de culpabilidad que cuando examina su vida se da cuenta de que ha sido pecador desde el principio. En todo lo que recuerda de sí mismo, siempre ha tenido una naturaleza pecaminosa. De cuando nació, dice: «Yo sé que soy malo de nacimiento». Además, aun antes de haber nacido tenía una disposición al pecado y afirma que en el momento de la concepción tenía una naturaleza de pecador porque «pecador me *concibió* mi madre» (Sal 51:5). Esta es una declaración bien fuerte de la tendencia al pecado heredada que está en nuestra vida desde el principio. Una idea similar aparece en Salmos 58:3: «Los malvados se pervierten desde que nacen, desde el vientre materno se desvían los mentirosos».

Por tanto, nuestra naturaleza incluye una disposición al pecado por lo que Pablo puede afirmar que, antes que fuéramos cristianos, «como los demás, éramos por naturaleza objeto de la ira de Dios» (Ef 2:3). Todos los que han criado hijos pueden dar testimonio experimental de que todos nacemos con esa tendencia a pecar. A los niños no hay que enseñarles a hacer lo malo; lo descubren por sí mismos. Lo que nosotros tenemos que hacer como padres es enseñarles a hacer lo bueno, criarlos «según la disciplina e instrucción del Señor» (Ef 6:4).

Esta tendencia al pecado heredada no quiere decir que los seres humanos son todo lo malvados que podrían ser. Las sujeciones de la ley civil, las expectativas de la familia y de la sociedad, y la convicción de la conciencia humana (Ro 2:14-15) nos proveen de restricciones a las influencias de las tendencias pecaminosas del corazón. Por tanto, por la «gracia común» de Dios (esto es, el favor inmerecido que él da a todos los seres humanos), las personas han podido hacer mucho bien en cuanto a la educación, el desarrollo de la civilización, el progreso científico y tecnológico, el desarrollo de la belleza y las habilidades en las artes, el desarrollo de leyes justas y actos generales de benevolencia y bondad humanas hacia los demás.[12] De hecho, cuanta más influencia cristiana haya en una sociedad en general, más claramente se verá también la influencia de la «gracia común» en la vida de los incrédulos. Pero a pesar de la capacidad de hacer el bien en muchos sentidos de la palabra, nuestra corrupción heredada, nuestra tendencia a pecar, que recibimos de Adán, significa que en lo que a Dios le concierne no podemos hacer nada que le agrade. Esto lo podemos ver en dos formas:

a. En nuestra naturaleza carecemos totalmente de bien espiritual ante Dios. No es cuestión de que algunas partes de nosotros sean pecaminosas y otras puras. Más bien, cada parte de nuestro ser está afectada por el pecado: nuestro intelecto, emociones, deseos, corazones (el centro de nuestros deseos y de toma de decisiones), nuestras metas y motivos e incluso nuestros cuerpos físicos. Pablo dice: «Yo sé que en mí, es decir, en mi naturaleza pecaminosa, nada bueno habita» (Ro 7:18), y, «para los corruptos e incrédulos no hay nada puro. Al contrario, tienen corrompidas la mente y la conciencia» (Tit 1:15). Además,

---

[12]Vea *Salvación*, pp. 34-35, sobre la gracia común.

Jeremías nos dice: «Nada hay tan engañoso como el corazón. No tiene remedio. ¿Quién puede comprenderlo?» (Jer 17:9). En estos pasajes las Escrituras no están negando que los incrédulos puedan hacer bien a la sociedad en *algunos sentidos;* pero sí están negando que puedan hacer algún bien *espiritual* o ser buenos *en términos de relación con Dios.* Aparte de la obra de Cristo en nuestra vida, somos como los demás incrédulos que «a causa de la ignorancia que los domina y por la dureza de su corazón, éstos tienen oscurecido el entendimiento y están alejados de la vida que proviene de Dios» (Ef 4:18).[13]

b. *En nuestras acciones estamos totalmente incapacitados de hacer el bien delante de Dios.* Esta idea está relacionada con la anterior. No solo somos pecadores que carecemos de todo bien espiritual en nosotros, sino que también carecemos de la capacidad de agradar a Dios y la posibilidad de acercarnos a Dios por nosotros mismos. Pablo dice que «los que viven según la naturaleza pecaminosa *no pueden agradar a Dios*» (Ro 8:8). Además, en términos de llevar fruto para el reino de Dios y hacer lo que le agrada a él, Jesús dice: «Separados de mí no pueden ustedes hacer nada» (Jn 15:5). De hecho, los incrédulos no agradan a Dios, si no por otra razón, simplemente porque sus acciones no se deben a que tengan fe en Dios ni a que lo amen, y «sin fe es imposible agradar a Dios» (Heb 11:6). Refiriéndose a cuando los lectores de Pablo eran incrédulos, Pablo les dice: «En otro tiempo ustedes estaban muertos en sus transgresiones y pecados, en los cuales andaban» (Ef 2:1-2). Los incrédulos están en un estado de esclavitud y sometimiento al pecado, porque «todo el que peca es esclavo del pecado» (Jn 8:34). Aunque desde un punto de vista humano las personas pueden ser capaces de hacer mucho bien, Isaías afirma que «todos nuestros actos de justicia son como trapos de inmundicia» (Is 64:6; cf. Ro 3:9-20). Los incrédulos no pueden entender las cosas de Dios correctamente, porque «el hombre natural no percibe las cosas que son del Espíritu de Dios, porque para él son locura, y no las puede entender, porque se han de discernir espiritualmente» (1 Co 2:14, RVR 1960). Tampoco podemos acudir a Dios por nuestros propios recursos, porque Jesús dijo: «Nadie puede venir a mí si no lo atrae el Padre que me envió» (Jn 6:44).

Pero si tenemos una incapacidad total de hacer el bien espiritual a los ojos de Dios, ¿tenemos todavía libertad de elegir? Por supuesto, todos los que se encuentran fuera de Cristo todavía pueden tomar decisiones voluntarias, es decir, ellos deciden lo que quieren hacer, y lo hacen. En este sentido todavía hay cierta clase de «libertad» en las decisiones que las personas toman.[14] No obstante, debido a su incapacidad para hacer el bien y escapar de su rebelión fundamental contra Dios y de su preferencia fundamental por el pecado, los incrédulos no tienen libertad en su sentido más importante: la libertad de hacer el bien y lo que agrada a Dios.

La aplicación para nuestra vida es bastante evidente. Si Dios le da a alguien el deseo de arrepentirse y confiar en Cristo, esa persona no debe demorarse y endurecer su corazón (cf. Heb 3:7-8; 12:17). Esta capacidad de arrepentirse y desear confiar en Dios no

---

[13]Esta falta total de bien espiritual e incapacidad para hacer el bien delante de Dios ha sido llamada tradicionalmente «depravación total», pero no usaré esa frase aquí porque se malentiende con facilidad. Da la impresión de que los incrédulos no pueden hacer ninguna clase de bien en *ningún sentido,* un significado que no está implícito en el término ni en la doctrina.

[14]Vea el análisis sobre la cuestión del libre albedrío en *Quién es Dios,* pp. 221-22.

es nuestra de forma natural, sino que nos viene por el estímulo del Espíritu Santo, y no durará para siempre. «Si ustedes oyen hoy su voz, no endurezcan el corazón» (Heb 3:15).

D. Pecados en la vida

1. Todos somos pecadores ante Dios. Las Escrituras dan testimonio en muchos lugares de la pecaminosidad universal de la humanidad. «Todos se han descarriado, a una se han corrompido. No hay nadie que haga lo bueno; ¡no hay uno solo!» (Sal 14:3). David dice: «Ante ti nadie puede alegar inocencia» (Sal 143:2). Y Salomón dice: «Ya que no hay ser humano que no peque» (1 R 8:46; cf. Pr 20:9).

En el Nuevo Testamento, Pablo desarrolla un amplio razonamiento en Romanos 1:18–3:20 mostrando que todas las personas, tanto judíos como griegos, son culpables delante de Dios. Dice: «Ya hemos demostrado que tanto los judíos como los gentiles están bajo el pecado. Así está escrito: "No hay un solo justo, ni siquiera uno"» (Ro 3:9-10). Pablo está seguro de que «todos han pecado y están privados de la gloria de Dios» (Ro 3:23). Santiago, el hermano del Señor, confiesa: «Todos fallamos mucho» (Stg 3:2), y si él, un líder y apóstol[15] en la naciente iglesia, podía confesar que había tenido muchos fallos, nosotros también deberíamos estar dispuestos a reconocerlo. Juan, el discípulo amado, quien estuvo siempre muy cerca de Jesús, dijo:

> Si afirmamos que no tenemos pecado, nos engañamos a nosotros mismos y no tenemos la verdad. Si confesamos nuestros pecados, Dios, que es fiel y justo, nos los perdonará y nos limpiará de toda maldad. Si afirmamos que no hemos pecado, lo hacemos pasar por mentiroso y su palabra no habita en nosotros. (1 Jn 1:8-10)[16]

2. ¿Nos limita nuestra capacidad en nuestra responsabilidad? Pelagio, un popular maestro cristiano que ministró en Roma en los años 383-410 d.C. y posteriormente (hasta el 424 d.C.) en Palestina, enseñó que Dios solo le hace responsable al hombre de lo que es capaz de hacer. Puesto que Dios nos advierte que hagamos el bien, debemos tener la capacidad el hacer el bien que Dios manda. La posición pelagiana rechaza la doctrina

---

[15]Vea la nota en *Biblia*, p. 48, sobre si Santiago el hermano del Señor era un apóstol.

[16]Algunas explicaciones populares de este pasaje niegan que el v. 8 se aplique a todos los cristianos. Esta posición la toman a fin de decir que algunos cristianos pueden llegar a estar perfectamente libres del pecado en esta vida, si llegan al estado de perfecta santificación. Según este punto de vista, el v. 8 («Si afirmamos que no tenemos pecado, nos engañamos a nosotros mismos y no tenemos la verdad») se aplica a los cristianos antes de que lleguen a la etapa de perfección sin pecado. La frase siguiente que habla de nuestra confesión a Dios y que él nos limpia de «toda maldad» incluye el proceso de lidiar con el pecado pasado y recibir el perdón. Entonces la última parte (v. 10) ya no incluye a los que han alcanzado el estado de perfección sin pecado, ya no necesitan decir que han pecado en el presente en sus vidas, sino solo admitir que habían pecado en el pasado. Para ellos es cierto que «Si afirmamos que no hemos pecado, lo hacemos pasar por mentiroso» (1 Jn 1:10).

Pero esta explicación no es convincente, porque Juan escribe la primera frase en el tiempo presente, y es algo que se puede decir de todos los cristianos en todos los tiempos. Juan no escribe: «Si decimos mientras éramos cristianos inmaduros que no tenemos pecado, nos engañamos a nosotros mismos». Tampoco dice (como este punto de vista sostiene): «Si nosotros decimos, antes de haber alcanzado el estado de perfección sin pecado, que no tenemos pecado, nos engañamos a nosotros mismos». Más bien, al final de su vida, al escribir una carta general a todos los cristianos, incluyendo a los que habían crecido en madurez en Cristo por décadas, Juan dice en términos que no dejan duda algo que él cree que es cierto de todos los cristianos a quienes escribe: «Si afirmamos que no tenemos pecado, nos engañamos a nosotros mismos y no tenemos la verdad». Esta es una declaración clara que se aplica a todos los cristianos mientras están en esta vida. Si decimos que no se aplica «nos engañamos a nosotros mismos».

del «pecado heredado» (o «pecado original») y mantiene que el pecado consiste solo de acciones pecaminosas separadas.[17]

Sin embargo, la idea de que solo somos responsables ante Dios de lo que tenemos la capacidad de hacer es contraria al testimonio de las Escrituras, que afirman que estábamos muertos en las transgresiones y pecados en que andábamos (Ef 2:1), y en consecuencia no podemos hacer ningún bien espiritual, y todos somos culpables ante Dios. Además, si nuestra responsabilidad ante Dios estuviera limitada a nuestra capacidad, los pecadores extremadamente endurecidos, que están muy esclavizados en el pecado, podrían ser menos culpables ante Dios que los cristianos maduros que se esfuerzan a diario por obedecerle. Y Satanás mismo, que eternamente solo puede hacer el mal, no tendría culpa en absoluto, lo que es sin duda una conclusión incorrecta.

La verdadera medida de nuestra responsabilidad y culpa no es nuestra capacidad de obedecer a Dios, sino más bien la absoluta perfección de la ley moral y la santidad de Dios (que se refleja en esa ley). «Por tanto, sean perfectos, así como su Padre celestial es perfecto» (Mt 5:48).

3. ¿Son los infantes culpables antes de haber cometido pecados auténticos?

Algunos sostienen que las Escrituras enseñan una «edad de responsabilidad» antes de la cual los niños pequeños no son considerados responsables del pecado y no son tenidos como culpables ante Dios.[18] Sin embargo, los pasajes mostrados arriba en la sección C acerca del «pecado heredado» indican que aun antes del nacimiento los niños tienen culpa delante de Dios y una naturaleza pecaminosa que no solo les da una tendencia al pecado, sino que también hace que Dios los vea como «pecadores». «Yo sé que soy malo de nacimiento; pecador me concibió mi madre» (Sal 51:5). Los pasajes que hablan del juicio final en términos de auténticas acciones pecaminosas que han sido hechas (p. ej. Ro 2:6-11) no dicen nada acerca de las bases del juicio cuando no ha habido acciones individuales buenas o malas, como cuando los niños mueren siendo bebés. En tales casos debemos aceptar las Escrituras que dicen que tenemos una naturaleza pecaminosa desde antes del nacimiento. Además, tenemos que reconocer que la naturaleza pecaminosa del niño se manifiesta muy temprano, ciertamente dentro de los dos primeros años de la vida del niño, como puede afirmarlo todo el que ha tenido hijos. (David dice en otro lugar: «Los malvados se pervierten desde que *nacen*, desde el *vientre materno* se desvían los mentirosos» (Sal 58:3).

Entonces ¿qué decimos acerca de los infantes que mueren antes de que alcancen para entender y creer en el evangelio? ¿Pueden ellos ser salvos?

Aquí tenemos que decir que si tales infantes son salvos, no pueden serlo sobre la base de sus propios méritos, ni sobre la base de su propia justicia o inocencia, sino que debe ser por completo sobre la base de la obra redentora de Cristo y la obra de regeneración del Espíritu Santo dentro de ellos. «Hay un solo Dios y un solo mediador entre Dios y

---

[17]El pelagianismo estuvo más fundamentalmente preocupado con la cuestión de la salvación, sosteniendo que el hombre puede dar por sí mismo el primero y los más importantes pasos hacia la salvación, aparte de la gracia de Dios. El pelagianismo fue condenado como herejía en el Concilio de Cartago el 1 de mayo del 418 d.C.

[18]Esta es la posición de Millard Ericson, por ejemplo, en *Christian Theology*, p. 639. Él usa el término la «edad de la responsabilidad».

los hombres, Jesucristo hombre» (1 Ti 2:5). «De veras te aseguro que quien no nazca de nuevo no puede ver el reino de Dios» (Jn 3:3).

Es ciertamente posible que Dios regenere (es decir, que le dé vida espiritual nueva) a un infante aun antes de que nazca. Esto sucedió con Juan el Bautista, porque el ángel Gabriel, antes de que Juan naciera, dijo: «Será lleno del Espíritu Santo aun *desde* su nacimiento» (Lc 1:15). Bien podemos decir que Juan el Bautista «nació de nuevo» antes de haber nacido. Tenemos un ejemplo parecido en Salmos 22:10, donde David dice: «Desde el vientre demi madre mi Dios eres tú». Es evidente, por tanto, que Dios puede salvar a los infantes en forma no comunes, aparte de su posibilidad de oír y entender el evangelio, produciendo su regeneración muy temprano, a veces antes de su nacimiento. Esta regeneración es probablemente seguida de una vez de una conciencia incipiente e intuitiva de Dios y una confianza en él a una edad muy temprana, pero esto es algo que de veras no podemos entender.[19]

Debemos, sin embargo, afirmar muy claramente que esta no es la manera habitual en que Dios salva a las personas. La salvación generalmente sucede cuando alguien escucha y entiende el evangelio y pone entonces su confianza en Cristo. Pero en situaciones fuera de lo común, como la de Juan el Bautista, Dios dio salvación antes de este entendimiento. Y esto nos lleva a la conclusión de que es ciertamente posible que Dios puede hacerlo también cuando sabe que el infante morirá sin haber escuchado el evangelio.

¿Cuántos infantes salva Dios de esta manera? Las Escrituras no nos lo dicen, de modo que no podemos saberlo. Cuando las Escrituras guardan silencio, no es sabio que hagamos declaraciones definitivas. Sin embargo, debiéramos reconocer que es la pauta frecuente de Dios a lo largo de las Escrituras salvar a los hijos de los que creen en él (vea Gn 7:1; cf. Heb 11:7; Jos 2:18; Sal 103:17; Jn 4:53; Hch 2:39; 11:14; 16:31; 18:8; 1 Co 1:16; 7:14; Tit 1:6; cf. Mt 18:10, 14). Estos pasajes no dicen que Dios automáticamente salva a los hijos de los creyentes (porque todos sabemos de hijos de padres piadosos que crecieron y rechazaron al Señor, y las Escrituras nos dan ejemplos como los de Esaú y Absalón), pero sí indican que las pautas comunes de Dios, la manera «normal» o esperada en la cual él actúa, es atraer hacia sí a los hijos de los creyentes. En cuanto a los hijos de los creyentes que mueren de niños, no tenemos razón para pensar que no suceda así.

Aquí es particularmente relevante el caso del primer hijo que Betsabé le dio al rey David. Cuando el bebé murió, David dijo: «*Yo voy a él*, más él no volverá a mí» (2 S 12:23). David, quien a lo largo de su vida tuvo una gran confianza de que viviría para siempre en la presencia del Señor (vea Sal 23:6 y muchos de los salmos de David), tenía también confianza de que vería de nuevo a su hijo cuando muriera. Esto solo puede implicar que estaría para siempre con su hijo en la presencia del Señor.[20] Este pasaje, junto con los otros mencionados arriba, debiera generar una seguridad similar en todos los creyentes que han perdido hijos en su infancia, de que un día los verán de nuevo en la gloria del reino celestial.

---

[19]Sin embargo, todos sabemos que los infantes casi desde el momento de su nacimiento muestran una confianza intuitiva en sus madres y una conciencia de sí mismos como personas distintas de sus madres. Por eso no debiéramos insistir en que es imposible que ellos tengan también una conciencia intuitiva de Dios, y si Dios se lo da, una capacidad intuitiva de también confiar en él.

[20]Alguien podría objetar que David está solo diciendo que él iría al estado de la muerte como su hijo lo había hecho. Pero esta interpretación no encaja con el lenguaje del versículo, pues David no está diciendo: «Iré a dónde él está", sino más bien «Yo voy a él» (RVR 1960). Este es el lenguaje de la reunión personal e indica la expectativa de David de que un día él vería y estaría con su hijo.

En cuanto a los hijos de los que no son creyentes que mueren en una edad temprana, las Escrituras no dicen nada. Debemos dejar ese asunto completamente en las manos de Dios y confiar en que él será justo y misericordioso. Si son salvos, no será sobre la base de ningún mérito propio ni de ninguna inocencia que podamos suponer que tenían. Si son salvos, lo serán sobre la base de la obra redentora de Cristo; y su regeneración, como la de Juan el Bautista antes de nacer, será solo por la misericordia y gracia de Dios. La salvación es siempre por su misericordia, no por nuestros méritos (vea Ro 9:14-18). Las Escrituras no nos permiten decir más que eso.

4. ¿Hay grados de pecados? ¿Hay algunos pecados que sean peores que otros? Podemos responder a la pregunta con un sí o un no, dependiendo del sentido con que se hace.

a. Culpa legal. En términos de nuestra situación legal delante de Dios, cualquier pecado, aun el que puede parecernos muy pequeño, nos hace legalmente culpables ante Dios y, por tanto, digno de eterno castigo. Adán y Eva lo aprendieron en el huerto del Edén, donde Dios les dijo que su acto de desobediencia resultaría en pena de muerte (Gn 2:17). Y Pablo afirma que «el juicio que lleva a la condenación fue el resultado de un solo pecado» (Ro 5:16). Este solo pecado hizo que Adán y Eva fueran pecadores delante de Dios, imposibilitados de estar en su santa presencia.

Esta verdad permanece válida a lo largo de la historia de la raza humana. Pablo (citando Dt 27:26) afirma: «Maldito sea quien no practique fielmente todo lo que está escrito en el libro de la ley» (Gá 3:10). Y Santiago declara:

> El que cumple con toda la ley pero falla en un solo punto ya es culpable de haberla quebrantado toda. Pues el que dijo: «No cometerás adulterio», también dijo: «No mates». Si no cometes adulterio, pero matas, ya has violado la ley. (Stg 2:10-11)[21]

Por tanto, en términos de culpa legal, todos los pecados son igualmente malos porque nos hacen legalmente culpables delante de Dios y nos constituyen en pecadores.

b. Resultados en la vida y en las relaciones con Dios. Por otro lado, algunos pecados son peores que otros en que tienen consecuencias más perjudiciales en nuestra vida y en la vida de otros, y, en términos de nuestra relación personal con Dios como Padre, provocan más su desagrado y causan una ruptura más seria de nuestra comunión con él.

Las Escrituras a veces hablan de grados de gravedad del pecado. Cuando Jesús compareció ante Poncio Pilato, dijo: «El que me puso en tus manos es culpable de un *pecado más grande*» (Jn 19:11). Aparentemente se está refiriendo a Judas, quien había conocido a

---

[21]Podemos entender este principio más claramente cuando nos damos cuenta de que las varias leyes morales de Dios son simplemente aspectos diferentes de su carácter moral perfecto, al cual él espera que nos conformemos. Violar cualquier parte de ello es hacernos diferente de él. Por ejemplo, si yo voy a robar, no solo quebrantaría su mandamiento sobre el robo (el octavo mandamiento), sino que también deshonraría su nombre (el tercero; vea Pr 30:9), deshonrar a mis padres y su buen nombre (el quinto), codiciaría algo que no me pertenece (el décimo), pondría las posesiones materiales por encima de Dios mismo (el primero; vea Ef 5:5), y llevaría a cabo una acción que dañaría a otro ser humano y perjudicaría su vida (el sexto; cp. Mt 5:22). Con un poco de reflexión, podemos ver cómo casi todo pecado viola algunos de los principios expresados en los Diez Mandamientos. Esto es solo una reflexión del hecho de que las leyes de Dios están unificadas como un todo y reflejan la pureza moral y perfección de Dios mismo en la unidad e integridad de su persona.

Jesús de forma íntima durante tres años y, no obstante, le traicionó y le llevó a la muerte. Aunque Pilato tenía autoridad sobre Jesús dada su posición como gobernador y fue un gran error permitir que un inocente fuera condenado a muerte, el pecado de Judas era «más grande» quizá debido a que tenía mucho más conocimiento y malicia relacionada con ello.

Cuando Dios le mostró a Ezequiel las visiones de los pecados en el templo de Jerusalén, primero le mostró ciertas cosas, y entonces dijo: «Realmente no has visto nada todavía; *peores abominaciones verás*» (Ez 8:6). Luego le mostró los pecados secretos de algunos de los ancianos de Israel y dijo: «Ya los verás cometer *mayores atrocidades*» (Ez 8:13). «Hijo de hombre, ¿ves esto? Pues aún las verás cometer mayores atrocidades» (Ez 8:15). Por último, le mostró a Ezequiel veinticinco hombres en el templo, que le daban la espalda a Dios y adoraban al Sol. Aquí tenemos claramente diferentes grados de pecado que van aumentando en gravedad y aborrecimiento ante Dios.

En el Sermón del Monte, cuando Jesús dice: «Todo el que infrinja uno solo de estos mandamientos, por *pequeño que sea*, y enseñe a otros a hacer lo mismo, será considerado el más pequeño en el reino de los cielos» (Mt 5:19), está implicando que hay mandamientos menores y mayores. Asimismo, aunque él está de acuerdo en que es apropiado dar el diezmo incluso sobre las especias que las personas usan en el hogar, Cristo tiene palabras muy fuertes para los fariseos por descuidar «*asuntos más importantes de la ley*, tales como la justicia, la misericordia y la fidelidad» (Mt 23:23). En ambos casos Jesús distingue entre los mandamientos más importantes y menos importantes, dando a entender de ese modo que algunos pecados son peores que otros según la evaluación que Dios hace de ellos.

En general, podemos decir que algunos pecados son de peores consecuencias que otros si son causa de mayor deshonra para Dios y si nos causan más daño a nosotros, a otros o la iglesia. Además, estos pecados cometidos deliberada, repetida y conscientemente, con un corazón encallecido, desagradan mucho más a Dios que los que se hacen por ignorancia y no se repiten, o con una mezcla de motivos puros e impuros y van seguidos de remordimiento y arrepentimiento. Por eso las leyes que Dios le dio a Moisés en Levítico tenían en cuenta las situaciones de pecados cometidos «inadvertidamente» (Lv 4:2, 13, 22). El pecado sin mala intención es todavía pecado: «Si alguien peca inadvertidamente e incurre en algo que los mandamientos de Dios prohíben, es culpable y sufrirá las consecuencias de su pecado» (Lv 5:17). No obstante, los castigos requeridos y el grado de desagrado de Dios que resulta de esos pecados son menos que para los casos de pecados intencionales.

Por otro lado, los pecados que son cometidos con arrogancia y con menosprecio por los mandamientos de Dios, eran vistos con mucha seriedad: «Pero el que peque deliberadamente, sea nativo o extranjero, ofende al Señor. Tal persona será eliminada de la comunidad» (Nm 15:30; cf. vv. 27-29).

Podemos ver fácilmente cómo algunos pecados tienen consecuencias mucho peores para nosotros mismos, para otros y para nuestra relación con Dios. Si yo codiciara el auto de mi vecino, eso sería pecado delante de Dios; pero si mi codicia me lleva a robar el auto, eso sería un pecado más grave. Si durante el proceso del robo peleo con mi vecino y le hiero o imprudentemente daño a otra persona al salir corriendo con el auto, eso sería un pecado más grave todavía.

Del mismo modo, si un nuevo cristiano, que antes había tenido la tendencia a perder el dominio propio y meterse en peleas, empieza a dar testimonio de Cristo a sus amigos incrédulos, y un día lo provocan y pierde el dominio propia y golpea a alguien, eso es sin duda un pecado a los ojos de Dios. Pero si un pastor maduro u otro líder cristiano prominente pierden su dominio propio en público y llegan a golpear a alguien, eso sería un pecado más grave a los ojos de Dios, debido al daño que eso causa a la reputación del evangelio y porque los que están en posiciones de liderazgo están sujetos a mayor responsabilidad ante Dios: «[Los] maestros, pues, como saben, seremos juzgados con más severidad» (Stg 3:1; cf. Lc 12:48). Nuestra conclusión es, entonces, que en términos de *resultados* y en *términos del desagrado de Dios*, algunos pecados son sin duda más graves que otros.

Sin embargo, la distinción entre grados de seriedad del pecado no implica que respaldemos la enseñanza católica romana de poner los pecados en dos categorías: «veniales» y «mortales».[22] En la enseñanza católica romana, un pecado venial puede ser perdonado, pero con frecuencia después de haber pagado con castigos en esta vida o en el purgatorio (después de la muerte y antes de entrar en el cielo). Un pecado mortal es un pecado que causa la muerte espiritual y no puede ser perdonado; excluye a las personas del reino de Dios.

Según las Escrituras, sin embargo, todos los pecados son «mortales» en el sentido de que aun el más pequeño de los pecados nos hace legalmente culpables delante de Dios y dignos de castigo eterno. No obstante, los pecados más graves quedan perdonados para los que acuden a Cristo buscando salvación (note en 1 Co 6:9-11 la combinación de una lista de pecados que excluyen del reino de Dios y la afirmación de que los corintios que habían cometido esos pecados habían sido salvados por Cristo). En ese sentido, todos los pecados son «veniales».[23] La separación católica romana de los pecados en las categorías de «mortales» y «veniales», según la cual se llama a algunos pecados (tales como el suicidio) «mortales», mientras que a otros (tales como la deshonestidad, el enojo o la lujuria) «veniales», pueden llevar fácilmente a la negligencia con respecto a algunos pecados que de verdad dificultan más la santificación y la eficacia en la obra del Señor, o, con respecto a otros pecados, al temor excesivo, a la desesperación y a la incapacidad de tener la seguridad del perdón. Debiéramos darnos cuenta de que la misma acción (tal como perder el control o golpear a alguien en el ejemplo anterior) puede ser más o menos grave, dependiendo de la persona y las circunstancias. Es mucho mejor que nos limitemos a reconocer que los pecados pueden variar en términos de sus resultados y en términos del grado en que trastornan nuestra relación con Dios y caen en su desagrado, y dejarlo así. De ese modo no vamos más allá de la enseñanza general de las Escrituras en esta materia.

---

[22]La distinción entre mortal y venial parece estar apoyada por 1 Juan 5:16-17: «Si alguno ve a su hermano cometer un *pecado que no lleva a la muerte*, ore por él y Dios le dará vida. Me refiero a quien comete un pecado que no lleva a la muerte. Hay un pecado que sí lleva a la muerte, y en ese caso no digo que se ore por él. Toda maldad es pecado, pero hay pecado que no lleva a la muerte». La frase griega que se traduce aquí por «no lleva a la muerte» (o «no es mortal») (gr. *pros thanaton*). A la luz de la preocupación de Juan en esta epístola de combatir la herejía que no reconocía a Jesús como que había venido en la carne (vea 1 Jn 4:2-3), es probable que

el pecado que «lleva a la muerte» o «mortal» es la grave herejía de negar a Cristo y el fracaso subsiguiente de obtener la salvación por medio de Cristo. En este caso, Juan estaba simplemente diciendo que no debiéramos orar que Dios perdone el pecado de rechazar a Cristo y de enseñar doctrinas sumamente heréticas acerca de él. Pero el hecho de que Juan diga que hay un pecado que «lleva a la muerte» (rechazar a Cristo) no justifica el establecer toda una categoría de pecados que no pueden ser personados.

[23]Sobre el «pecado imperdonable», que es la excepción en esta declaración, vea las pp. 103-105, abajo.

La distinción que las Escrituras hacen en grados de pecados tiene un valor positivo. Primero, nos ayuda a saber dónde debemos poner el mayor esfuerzo en nuestro intento de crecer en santidad. Segundo, nos ayuda a decidir cuándo debiéramos pasar por alto una falta menor en un amigo o familiar y cuándo es apropiado hablar con un individuo acerca de un pecado evidente (vea Stg 5:19-20). Tercero, nos ayuda a decidir cuándo es apropiada la disciplina en la iglesia, y nos provee de una respuesta a la objeción que a veces surge en contra de ejercer la disciplina en la iglesia, cuando se dice que «todos somos culpables de haber pecado y que no tenemos ningún derecho a meternos en la vida privada de otra persona». Aunque todos somos ciertamente culpables de haber pecado, no obstante, hay ciertos pecados que dañan tan evidentemente a la iglesia y a las relaciones dentro de la iglesia que hay que lidiar con ellos directamente. Cuarto, esta distinción puede ayudarnos a entender que hay cierta base para las leyes de los gobiernos civiles y para los castigos que prohíben ciertas clases de conductas y delitos (como el asesinado o el robo), pero no otras clase de faltas (como el enojo, la envidia, la codicia o el uso egoísta de las posesiones). No es inconsecuente decir que ciertas clases de maldades requieren el castigo civil, pero no todas las clases de maldades lo requieren.

5. ¿Qué sucede cuando un cristiano peca?

a. Nuestra situación legal ante Dios no cambia. Aunque este tema lo podemos tratar más tarde en relación con la adopción o la santificación dentro de la vida cristiana, es apropiado que lo consideremos ahora también.

Cuando un cristiano peca, su posición legal delante de Dios no cambia. Todavía está perdonado porque «ya no hay ninguna condenación para los que están unidos a Cristo Jesús» (Ro 8:1). La salvación no está basada en nuestros méritos, sino en el don gratuito de Dios (Ro 6:23), y la muerte de Cristo ciertamente pagó por todos nuestros pecados: pasados, presentes y futuros. «Cristo murió por nuestros pecados» (1 Co 15:3), sin ninguna distinción. En términos teológicos, seguimos conservando nuestra «justificación».[24]

Además, seguimos siendo hijos de Dios y todavía tenemos membresía en la familia de Dios. En la misma epístola en las que Juan dice: «Si afirmamos que no tenemos pecado, nos engañamos a nosotros mismos» (1 Jn 1:8), se les recuerda también a los lectores: «Queridos hermanos, ahora somos hijos de Dios» (1 Jn 3:2). El hecho de que tengamos pecado que permanece en nuestra vida no significa que hayamos perdido nuestra posición como hijos de Dios. En términos teológicos, seguimos conservando nuestra «adopción».[25]

b. Nuestro compañerismo con Dios queda perturbado y nuestra vida cristiana dañada. Cuando pecamos, Dios no deja de amarnos, pero está disgustado con nosotros. (Aun entre los seres humanos, es posible amar a alguien y al mismo tiempo estar disgustado con esa persona, como bien lo sabe cualquier padre, esposa o esposo.) Pablo nos dice que es posible para los cristianos «[agraviar] al Espíritu Santo de Dios» (Ef 4:30); cuando pecamos, lo entristecemos y queda disgustado con nosotros. El autor de Hebreos nos

---

[24]Vea *Salvación*, pp. 99-112, sobre la justificación.   [25]Vea *Salvación*, pp. 112-21, sobre la adopción.

recuerda que el «Señor disciplina a los que ama, y azota a todo el que recibe como hijo» (Heb 12:6, citando Pr 3:11-12), y que «el Padre de los espíritus [...] [nos disciplina] para nuestro bien, a fin de que participemos de su santidad» (Heb 12:9-10). Cuando desobedecemos, Dios el Padre se entristece, de la misma forma que lo hace un padre terrenal ante la desobediencia de sus hijos, y nos disciplina. Un tema similar lo encontramos en Apocalipsis 3, donde el Cristo resucitado habla desde el cielo a la iglesia en Laodicea diciendo: «Yo *reprendo* y *disciplino* a todos los que *amo*. Por tanto, sé fervoroso y arrepiéntete» (Ap 3:19). Aquí vemos de nuevo que el amor y la represión del pecado están relacionados en la misma declaración. Esa es la manera en que el Nuevo Testamento da testimonio del desagrado de los tres miembros de la Trinidad cuando los cristianos pecan. (Vea también Is 59:1-2; 1 Jn 3:21.)

La Confesión de Fe de Westminster dice sabiamente en cuanto a los cristianos:

> Aunque nunca pueden caer del estado de justificación, pueden, por sus pecados, caer bajo el *desagrado paternal* de Dios, y no tener restaurada la luz y el gozo de su presencia mientras no se humillen, confiesen sus pecados, pidan perdón y renueven su fe y arrepentimiento. (cap. 11, sec. 5)

Hebreos 12, junto con muchos ejemplos históricos en las Escrituras, muestran que el desagrado paterno de Dios lleva con frecuencia a la disciplina en nuestra vida cristiana: «Dios lo hace [nos disciplina] para nuestro propio bien, a fin de que participemos de su santidad» (Heb 12:10). En cuanto a la necesidad de una confesión regular y confesión de pecados, Jesús nos recuerda que debemos orar cada día: «Perdónanos nuestras deudas, como también nosotros hemos perdonado a nuestros deudores» (Mt 6:12, cf. 1 Jn 1:9).

Cuando pecamos como cristianos, no es solo nuestra relación personal con Dios la que queda perturbada. Nuestra vida y fecundidad en el ministerio quedan también dañadas. Jesús nos advierte: «Así como ninguna rama puede dar fruto por sí misma, sino que tiene que permanecer en la vid, así tampoco ustedes pueden dar fruto si no permanecen en mí» (Jn 15:4). Cuando nos apartamos de la comunión con Cristo a causa del pecado en nuestra vida, disminuimos el grado en el que permanecemos en Cristo.

Los escritores del Nuevo Testamento hablan con frecuencia de las consecuencias destructivas del pecado en la vida de los creyentes. De hecho, muchas secciones de las epístolas contienen represiones y animan a los cristianos para que se alejen de los pecados que están cometiendo. Pablo dice que cuando los cristianos ceden al pecado se van haciendo progresivamente «esclavos» del pecado (Ro 6:16), mientras que Dios quiere que los cristianos crezcan continuamente en el camino de la justicia en la vida. Si nuestra meta es crecer en plenitud de vida espiritual hasta el día que muramos y pasemos a la presencia de Dios en el cielo, pecar es ir en la dirección contraria y alejarnos de la semejanza a Dios, es ir en la dirección que «lleva a la muerte» (Ro 6:16) y a la separación eterna de Dios, dirección de la cual fuimos rescatados cuando nos hicimos cristianos.[26]

---

[26]Pablo no está diciendo en Romanos 6:16 que los verdaderos cristianos pueden alguna vez retroceder hasta el punto de caer en condenación eterna, pero sí parece estar diciendo que cuando cedemos al pecado vamos (en un sentido espiritual y moral) en esa dirección.

Pedro dice que los deseos pecaminosos que permanecen en nuestros corazones «*batallan* contra el alma» (1 P 2:11, RVR 1960). El vocabulario militar traduce correctamente la expresión de Pedro y expresa la imagen de que los deseos carnales dentro de nosotros son como soldados en una batalla y su meta es nuestro bienestar espiritual. Entregarnos a esos deseos carnales, cobijarlos y acariciarlos en el corazón, es como dar alimento, hospedaje y bienvenida a las tropas enemigas. Si cedemos a los deseos que «batallan» contra el alma, sentiremos inevitablemente la pérdida de fuerza espiritual, disminución de poder espiritual y pérdida de eficacia en la obra del reino de Dios.

Además, cuando pecamos como cristianos sufrimos una pérdida de recompensa celestial. Una persona que no ha edificado en la obra de la iglesia con oro, plata o piedras preciosas, sino con «madera, heno y paja» (1 Co 3:12) verá su obra «consumida por las llamas» en el día del juicio y «sufrirá pérdida. Será salvo, pero como quien pasa por el fuego» (1 Co 3:15). Pablo se da cuenta de que «es necesario que todos comparezcamos ante el tribunal de Cristo, para que cada uno reciba lo que le corresponda, según lo bueno o malo que haya hecho mientras vivió en el cuerpo» (2 Co 5:10). Pablo implica que hay grados de recompensa en el cielo,[27] y que el pecado tiene consecuencias negativas en términos de pérdida de recompensa celestial.

c. El peligro de «evangélicos no convertidos». Si bien el cristiano genuino que peca no pierde su justificación ni su adopción delante de Dios (vea más atrás), es necesario advertir claramente que la simple asociación con una iglesia evangélica y la conformidad externa a las pautas «cristianas» de comportamiento aceptadas no garantizan la salvación. Particularmente en sociedades y culturas donde es fácil (o incluso esperado) que las personas profesen ser cristianas, hay una auténtica posibilidad de que algunos que se hacen miembros de la iglesia no hayan de verdad nacido de nuevo. Si esas personas entonces se muestran cada vez más desobedientes a Cristo en su manera de vivir, no debieran ser arrullados y adormecidos con seguridades de que todavía tienen justificación y adopción en la familia de Dios. Un estilo de vida de continua desobediencia a Dios emparejado con falta de elementos del fruto del Espíritu tales como el amor, el gozo, la paz y otros (vea Gá 5:22-23) es una seria indicación de que probablemente esa persona no es de verdad cristiana en su interior, de que no ha habido una auténtica fe de corazón desde el principio y nada de obra de regeneración del Espíritu Santo. Jesús advierte que a algunos que han profetizado, expulsaron demonios e hicieron milagros en su nombre les dirá: «Jamás los conocí. ¡Aléjense de mí, hacedores de maldad!» (Mt 7:23). Y Juan nos dice que «El que afirma: "Lo conozco", pero no obedece sus mandamientos es un mentiroso y no tiene la verdad» (1 Jn 2:4; Juan está hablando aquí de una forma de vivir persistente). Un estilo de vida de años de creciente desobediencia a Cristo debiera tomarse como evidencia para dudar de que esa persona sea de verdad cristiana.

6. ¿Qué es el pecado imperdonable? Varios pasajes de las Escrituras hablan de un pecado que no será perdonado. Jesús dice:

---

[27]Vea *Futuro*, pp. 85-86, sobre los grados de recompensa en el cielo.

> Por eso les digo que a todos se les podrá perdonar todo pecado y toda blasfemia, pero la blasfemia contra el Espíritu no se le perdonará a nadie. A cualquiera que pronuncie alguna palabra contra el Hijo del hombre se le perdonará, pero el que hable contra el Espíritu Santo no tendrá perdón ni en este mundo ni en el venidero. (Mt 12:31-32)

Encontramos una declaración similar en Marcos 3:29-30, donde Jesús dice: «Excepto a quien blasfeme contra el Espíritu Santo. Éste no tendrá perdón jamás; es culpable de un pecado eterno» (Mr 3:29; cf. Lc 12:10). Asimismo, Hebreos 6 dice:

> Es imposible que renueven su arrepentimiento aquellos que han sido una vez iluminados, que han saboreado el don celestial, que han tenido parte en el Espíritu Santo y que han experimentado la buena palabra de Dios y los poderes del mundo venidero, y después de todo esto se han apartado. Es imposible, porque así vuelven a crucificar, para su propio mal, al Hijo de Dios, y lo exponen a la vergüenza pública. (Heb 6:4-6; cf. 10:26-27; también las reflexiones sobre el «pecado que lleva a la muerte» en 1 Jn 5:16-17)

Estos pasajes podrían estar hablando acerca del mismo pecado o de diferentes pecados; habrá que tomar una decisión solo después de examinar los pasajes en sus contextos. Existen varias interpretaciones sobre cómo entender este pecado.[28]

1. Algunos han pensado que este era un pecado que solo se podía cometer mientras Cristo estaba en la tierra. Pero la declaración de Jesús de que «a todos se les podrá perdonar todo pecado y toda blasfemia» (Mt 12:31) es tan general que parece injustificado decir que se refiere solo a algo que podría suceder durante su vida, y los textos en cuestión no especifican semejante restricción. Además, Hebreos 6:4-6 está hablando de la apostasía que había tenido lugar unos años después de que Cristo regresara al cielo.

2. Algunos han sostenido que este es un pecado de incredulidad que continúa hasta la muerte; por tanto, todo el que muere en incredulidad (o al menos todo el que ha escuchado de Cristo y muere en incredulidad) ha cometido este pecado. Es cierto, por supuesto, que los que persisten en incredulidad hasta la muerte no serán perdonados, pero la cuestión es si ese hecho es lo que se está considerando en estos versículos. Al leer con detenimiento estos versículos, la explicación no parece encajar con el lenguaje de los textos citados, porque estos no hablan de incredulidad en general, sino específicamente de alguien que «[habla] contra el Espíritu Santo» (Mt 12:32), que «blasfeme contra el Espíritu Santo» (Mr 3:29) o «se han apartado» (Heb 6:6). Estos pasajes se refieren a un pecado específico: rechazar deliberadamente la obra del Espíritu santo y hablar mal en contra suya, o el rechazo intencionado de la verdad de Cristo y exponer a Cristo a la vergüenza pública (Heb 6:6). Además, la idea de que este pecado es la incredulidad que persiste hasta la muerte no

---

[28]Vea Berkholf, *Systematic Theology*, pp. 252-53, para representantes de cada posición.

encaja bien con el contexto de una reprensión a los fariseos por lo que estaban diciendo según Mateo y Marcos (vea más adelante la consideración del contexto).

3. Otros sostienen que este pecado es una seria apostasía de verdaderos creyentes, y que solo aquellos que son de verdad nacidos de nuevo pueden cometer este pecado. Basan su interpretación en lo que entienden de la naturaleza de la «apostasía» que se menciona en Hebreos 6:4-6 (que es rechazo de Cristo por parte de un auténtico cristiano y la consecuente pérdida de la salvación). Pero este no parece ser el mejor modo de entender Hebreos 6:4-6.[29] Además, aunque esta interpretación se podría quizá sostener con respecto a Hebreos 6, no explica la blasfemia contra el Espíritu Santo en los pasajes de los Evangelios, en los que Jesús está respondiendo a la insensible negación de los fariseos de la obra del Espíritu Santo por medio de él.

4. Una cuarta posibilidad es que este pecado consiste en el rechazo intencional, muy malicioso y difamador de la obra del Espíritu Santo de testimonio acerca de Cristo, y atribuir su trabajo a Satanás. Un examen más detenido de la declaración de Jesús en Mateo y Marcos muestra que Jesús estaba hablando en respuesta a la acusación de los fariseos de que «éste no expulsa a los demonios sino por medio de Belcebú, príncipe de los demonios» (Mt 12:24). Los fariseos habían visto las obras de Cristo repetidas veces. El Señor acababa de sanar a un hombre endemoniado que estaba ciego y mudo (Mt 12:22). Las personas estaban maravilladas y un gran número de ellas seguían a Jesús, y los mismos fariseos habían visto muchas veces claras demostraciones del poder asombroso del Espíritu Santo obrando por medio de Jesús para traer vida y salud a muchas personas. Pero los fariseos, a pesar de estas claras demostraciones de la obra del Espíritu delante de sus ojos, deliberadamente rechazaron la autoridad de Jesús y sus enseñanzas y las atribuyeron al diablo. Jesús les dijo entonces claramente que «toda ciudad o familia dividida contra sí misma no se mantendrá en pie. Si Satanás expulsa a Satanás, está dividido contra sí mismo. ¿Cómo puede, entonces, mantenerse en pie su reino?» (Mt 12:25-26). De modo que era irracional y tonto que los fariseos atribuyeran los exorcismos de Jesús al poder de Satanás. Eso era una clásica mentira maliciosa y deliberada.

Después de decir: «Si expulso a los demonios por *medio del Espíritu de Dios,* eso significa que el reino de Dios ha llegado a ustedes» (Mt 12:28), Jesús declara su advertencia: «El que no está de mi parte, está contra mí; y el que conmigo no recoge, esparce» (Mt 12:30). Advierte que no hay neutralidad, y ciertamente los que, como los fariseos se oponen a su mensaje están en contra de él. Inmediatamente agrega: «Por eso les digo que a todos se les podrá perdonar todo pecado y toda blasfemia, pero la blasfemia contra el Espíritu no se perdonará a nadie» (Mt 12:31). La difamación deliberada y maliciosa de la obra del Espíritu Santo por medio de Jesús, que los fariseos atribuían a Satanás, no sería perdonada.

El contexto indica que Jesús estaba hablando de un pecado que no es simplemente incredulidad o rechazo de Cristo, sino uno que incluye: (1) un conocimiento claro de quién es Cristo y del poder del Espíritu Santo que obra por medio de él; (2) un rechazo deliberado de los hechos acerca de Cristo que sus oponentes sabían que eran ciertos; y (3) atribuir maliciosamente la obra del Espíritu Santo en Cristo al poder de Satanás. En un caso así, la dureza del corazón sería tan grande que los recursos ordinarios para llevar a un pecador al arrepentimiento habrían sido ya rechazados. La persuasión de la verdad no funcionaría, porque estas personas ya habían conocido la verdad y la habían rechazado deliberadamente. Las demostraciones del poder del Espíritu Santo para sanar y dar vida no funcionarían, porque las habían visto y las habían rechazado. En esta situación no es que el pecado fuera en sí tan horrible que no pudiera ser cubierto por la obra redentora de Cristo, sino más bien que el pecador había endurecido de tal manera su corazón que ya estaba más allá de los medios ordinarios de Dios de ofrecer perdón por medio del arrepentimiento y la confianza en Cristo en cuanto a la salvación. Este pecado es imperdonable porque aísla al pecador del arrepentimiento y de la fe salvadora por medio de creer en la verdad.

Berkhof sabiamente define este pecado de la siguiente manera:

> El pecado consiste en el consciente, malicioso y voluntario rechazamiento y blasfemia en contra de la evidencia y la convicción del testimonio del Espíritu Santo con respecto a la gracia de Dios en Cristo, atribuyéndolo contra toda evidencia y convicción al principio de las tinieblas [...] Al cometer ese pecado el hombre voluntaria, maliciosa e intencionalmente atribuye lo que con claridad se reconoce como obra de Dios, a la influencia y la operación de Satanás.[30]

Berkhof explica que el pecado en sí consiste «no en dudar de la verdad, no en negarla pecaminosamente, sino en una contradicción de la verdad que se opone a la convicción de la mente, a la iluminación de la conciencia e incluso al veredicto del corazón.[31]

El hecho de que el pecado imperdonable implica un endurecimiento tan grande del corazón y falta de arrepentimiento indica que los que temen haberlo cometido, pero guardan tristeza en su corazón por haber pecado y desean buscar a Dios, no caen ciertamente en la categoría de los que son culpables de haberlo cometido. Berkhof dice que «podemos estar razonablemente seguros de que aquellos que temen haberlo cometido y se entristecen por esto, y desean las oraciones de otros en su favor, no lo han cometido».[32]

Este concepto del pecado imperdonable encaja también bien con Hebreos 6:4-6. Allí las personas que cometen el pecado de apostasía han tenido toda clase de conocimiento y convicción de la verdad. Han sido «iluminadas» y han «saboreado el don celestial»; han participado de alguna manera en la obra del Espíritu Santo y han «experimentado la buena palabra de Dios y los poderes del mundo venidero», sin embargo deliberadamente se alejan de Cristo y «lo exponen a la vergüenza pública» (Heb 6:6). También se han situado más allá del alcance de los medios ordinarios de Dios para llevar a las personas al arrepentimiento. Son conocedoras de la verdad y están convencidas de ella, pero la rechazan deliberadamente.

Primera de Juan 5:16-17, sin embargo, parece caer en otra categoría. Ese pasaje no habla de un pecado que jamás pueda recibir perdón, sino de un pecado que, si se persiste

---

[30]Vea Berkhof, *Systematic Theology*, p. 253.
[31]Ibíd.

[32]Ibíd., p. 254

en él, lleva a la muerte. Este pecado parece involucrar la enseñanza de graves errores doctrinales acerca de Cristo. En el contexto de orar en fe según la voluntad de Dios (1 Jn 5:14-15) Juan solo está diciendo que él no dice que podemos orar en fe para que Dios perdone ese pecado a menos que la persona se arrepienta, pero no está prohibiendo que oremos que los maestros heréticos vuelvan de su herejía, se arrepientan y de ese modo encuentren el perdón. Muchas personas que enseñan errores doctrinales serios no han ido tan lejos como para haber cometido el pecado imperdonable y llegar al punto de la imposibilidad de arrepentimiento y de la fe a causa de su propia dureza de corazón.

E. El castigo del pecado

Aunque el castigo de Dios por el pecado sirve como *disuasión* contra seguir pecando y como una *advertencia* para los que lo observan, esa no es la razón primaria por la que Dios castiga el pecado. La razón primaria es que la *justicia de Dios lo demanda*, a fin de que él sea glorificado en el universo que ha creado. Él es el Señor que actúa en la tierra «con amor, con derecho y justicia, pues es lo que a mí me agrada» (Jer 9:24).

Pablo dice de Cristo Jesús que «Dios lo ofreció como un sacrificio de expiación que se recibe por la fe en su sangre» (Ro 3:25). Pablo entonces explica por qué Dios ofreció a Jesús como «expiación» (esto es, un sacrificio que lleva sobre sí la ira de Dios en contra del pecado y de ese modo Dios transformar la ira en favor): «Para así demostrar su justicia». Anteriormente, en su paciencia, Dios había pasado por alto los pecados» (Ro 3:25). Pablo se da cuenta de que si Cristo no hubiera venido a pagar el castigo por los pecados, Dios no podría mostrar que era justo. Porque si él hubiera pasado por alto los pecados en el pasado y no los hubiera castigado, las personas podrían con razón acusar a Dios de injusticia, basándose en la suposición de que un Dios que no castiga el pecado no puede ser un Dios justo. Por tanto, cuando Dios envió a Cristo a morir y pagar el castigo de nuestros pecados, mostró cómo podía ser todavía justo: había acumulado el castigo de los pecados anteriores (los de los santos del Antiguo Testamento) y entonces, en perfecta justicia, cargó ese castigo sobre Jesús en la cruz. La propiciación del Calvario demostraba de ese modo claramente que Dios es perfectamente justo: «De ese modo Dios es justo y, a la vez, el que justifica a los que tienen fe en Jesús» (Ro 3:26).

Por tanto, en la cruz tenemos una clara demostración de por qué Dios castiga el pecado: Si no castigara el pecado no sería un Dios justo, y no habría una situación de justicia suprema en el universo. Pero cuando castiga el pecado, Dios demuestra que es un juez justo sobre todos, y que se hace justicia en su universo.

PREGUNTAS DE APLICACIÓN PERSONAL

1. ¿Ha despertado la lectura de este capítulo una creciente conciencia del pecado que permanece en su vida? ¿Puede usted mencionar alguna forma específica en que esto es cierto? ¿Incrementó este capítulo en usted algún sentido de lo odioso que es el pecado? ¿Por qué no siente más a menudo un sentido más profundo de aborrecimiento del pecado? ¿Cuál cree usted que será el efecto general de este capítulo en sus relaciones con Dios?

2. ¿Resultaría para usted al final más consolador pensar que el pecado entró en el mundo porque Dios estableció que entrara mediante agentes secundarios, o porque él no pudo prevenirlo, aunque era algo en contra de su voluntad? ¿Cómo se sentiría usted acerca del universo y su lugar en él si usted pensara que el mal siempre ha existido y que existe una situación de «dualismo» en el universo?

3. ¿Puede usted mencionar algunos paralelismos entre la tentación que enfrentó Eva y las tentaciones que usted enfrenta en su vida cristiana?

4. ¿Siente usted que sea injusto que lo consideren a usted culpable del pecado de Adán (si está de acuerdo en que Ro 5:12-21 lo enseña)? ¿Cómo puede usted lidiar con este sentido de injusticia para evitar que se convierta en un obstáculo en sus relaciones con Dios? A un nivel de convicción profunda, ¿piensa usted de verdad que, antes de ser cristiano, estaba totalmente incapacitado de hacer ningún bien espiritual delante de Dios? Del mismo modo, ¿está profundamente convencido de que esto es cierto de todos los creyentes, o piensa usted que esto es solo una doctrina que puede ser cierta o no, o al menos una doctrina que usted no encuentra muy convincente al examinar la vida de los incrédulos que conoce?

5. ¿Qué clase de libertad de elección tienen los incrédulos que usted conoce? Aparte de la obra del Espíritu Santo, ¿está usted convencido de que ellos no cambiarían su rebelión fundamental contra Dios?

6. ¿Cómo le puede ayudar en su vida cristiana en este momento la enseñanza bíblica de grados en la gravedad del pecado? ¿Ha experimentado usted un sentido del «desagrado paternal» de Dios cuando ha pecado? ¿Cuál es su respuesta a ese sentido?

7. ¿Piensa usted que los cristianos de hoy han perdido bastante de vista lo aborrecible que es el pecado? ¿Lo han perdido también los incrédulos? ¿Piensa usted que los cristianos hemos perdido de vista la persistente presencia del pecado en los incrédulos, de la verdad de que el mayor problema de la raza humana, y de todas las sociedades y civilizaciones, no es la falta de educación, la falta de comunicación ni la falta de bienestar material, sino el pecado en contra de Dios?

TÉRMINOS ESPECIALES

adjudicar

contaminación original

corrupción heredada

culpa heredada

culpa original

depravación total

dualismo

edad de responsabilidad

imputar

incapacidad total

pecado

pecado heredado

pecado imperdonable

pecado mortal

pecado original

pecado venial

Pelagio

propiciación

BIBLIOGRAFÍA

Berkouwer, G. C. *Sin*. Trad. por Philip C. Holtrop. Eerdmans, Grand Rapids, 1971.

Bloesch, D. G. *«Sin»*. En EDT pp. 1012–16.

Carson, D. A. *How Long, O Lord? Reflections on Suffering and Evil*. Baker, Grand Rapids, 1990.

Colwell, J. E. *«Anthropology»*. En *NDT* pp. 28–30.

_____. *«Fall»*. En *NDT* pp. 249–51.

_____. *«Sin»*. En *NDT* pp. 641–43.

Demarest, B. A. *«Fall of Man»*. En *NDT* pp. 403–5.

Feinberg, J. S. *The Many Faces of Evil: Theological Systems and the Problem of Evil*. Zondervan, Grand Rapids, 1994.

_____. *Theologies and Evil*. University Press of America, Washington, D. C.,1979.

Geisler, Norman. *The Roots of Evil*. Zondervan, Grand Rapids, 1978.

Hoekema, Anthony A. *Created in God's Image*. Eerdmans, Grand Rapids, y Paternoster, Exeter, 1986, pp. 112–86. En español, *Creados a imagen de Dios*. Libros Desafío, Grand Rapids, Mich., 2005.

Hughes, Philip Edgcumbe. *The True Image: The Origin and Destiny of Man in Christ*. Eerdmans, Grand Rapids, e Inter-Varsity Press, Leicester, 1989, pp. 71–210.

Johnson, R. K. *«Imputation»*. En *EDT* pp. 554–55.

Lewis, C. S. *El problema del dolor*. Rayo, New York, 2006.

Murray, John. *The Imputation of Adam's Sin*. Eerdmans, Grand Rapids, 1959.

Peterson, Michael L. *Evil and the Christian God*. Baker, Grand Rapids, 1982.

Pink, Arthur Walkington. *Gleanings From the Scriptures: Man's Total Depravity*. Moody, Chicago, 1970.

Plantinga, Alvin. *God, Freedom and Evil*. Harper and Row, New York, 1974.

Ramm, Bernard. *Offense to Reason: The Theology of Sin*. Harper y Row, San Francisco, 1985.

Ryrie, C. C. *«Depravity, Total»*. En *EDT* pp. 312–13.

Thomas, R. L. *«Sin, Conviction of»*. En *EDT* p. 1016.

Wenham, J. W. *The Enigma of Evil*. Anteriormente publicada como *The Goodness of God*. Zondervan, Grand Rapids, 1985.

PASAJE BÍBLICO PARA MEMORIZAR

Salmos 51:1–4:

> *Ten compasión de mí, oh Dios, conforme a tu gran amor;*
> *conforme a tu inmensa bondad, borra mis transgresiones.*
> *Lávame de toda mi maldad*
> *y límpiame de mi pecado.*
> *Yo reconozco mis transgresiones;*
> *siempre tengo presente mi pecado.*
> *Contra ti he pecado, sólo contra ti,*
> *y he hecho lo que es malo ante tus ojos;*
> *por eso, tu sentencia es justa,*
> *y tu juicio, irreprochable.*

HIMNO

«Más blanco que la nieve»

Yo quiero ser limpio, bendito Jesús;
Deseo por siempre andar en tu luz;
Tan sólo en tu sangre limpieza tendré,
Lavado y más blanco que nieve seré.

Coro:
Más blanco que la nieve seré;
Lavado en tu sangre y limpio por fe.
Que en mi alma no pueda lo impuro quedar,
Mis manchas, tu sangre las puede quitar.

Los ídolos todos los desecharé,
Lavado y más blanco que nieve seré.
Tú, Cristo, me ayudas mi ofrenda a dar
Con fe y humildad en tu santo altar.

Te entrego mi vida y así por la fe
Lavado y más blanco que nieve seré.

Por esta pureza doy gracias a ti,
Pues santificado por tu gracia fui;
Limpieza tu sangre me trajo, yo sé;
Lavado y más blanco que nieve seré.

AUTOR: JAMES NICHOLSON, TRAD. H. W. CRAGIN
(TOMADO DE HIMNARIO BAUTISTA #335)

Capítulo 6

LOS PACTOS ENTRE DIOS Y EL HOMBRE

¿Qué principios determinan la manera en que Dios se relaciona con nosotros?

EXPLICACIÓN Y BASE BÍBLICA

¿Cómo se relaciona Dios con el hombre? Desde la creación del mundo, las relaciones de Dios con el hombre han estado definidas por requerimientos y promesas específicas. Dios dice a las personas cómo quiere que actúen y también les hace promesas sobre cómo va a actuar él con ellos en diferentes circunstancias. La Biblia contiene varios resúmenes de las disposiciones que definen las diferentes relaciones entre Dios y el hombre que tienen lugar en las Escrituras, y con frecuencia llama «pactos» a estos resúmenes. Con respecto a los pactos entre Dios y el hombre que encontramos en las Escrituras, podemos ofrecer la siguiente definición: *un pacto es un acuerdo legal, inalterable y divinamente impuesto entre Dios y el hombre que estipula las condiciones de sus relaciones.*

Aunque esta definición incluye la palabra *acuerdo* a fin de mostrar que hay dos partes, Dios y el hombre, que deben entrar en las estipulaciones de esas relaciones, la frase «divinamente impuesto» aparece también para mostrar que el hombre nunca puede negociar con Dios o cambiar los términos del pacto. Él solo puede aceptar las obligaciones del pacto o rechazarlas. Probablemente por esta razón los traductores griegos del Antiguo Testamento (de la traducción conocida como la Septuaginta) y, siguiéndolos a ellos, los autores del Nuevo Testamento, no usaron la palabra griega común que denotaba contratos o acuerdos en los que ambas partes eran iguales (*syntheke*), sino que más bien eligieron una palabra menos común, *diatheke*, que hace hincapié en que las provisiones del pacto fueron establecidas solo por una de las partes. (De hecho, la palabra *diatheke* se usaba con frecuencia para referirse a «testamento» o «última voluntad» que una persona dejaba para indicar la distribución de sus bienes después de su muerte.)

La definición también incluye la palabra «inalterable». Podía ser sustituido o remplazado por otro pacto diferente, pero no podía alterarse una vez establecido. Aunque ha habido muchos detalles adicionales especificados en los pactos que Dios hizo con el hombre a lo largo de la historia de las Escrituras, el elemento esencial en todos ellos es la promesa: «Yo seré su Dios, y ellos serán mi pueblo» (Jer 31:33; 2 Co 6:16; et al.).

Puesto que las relaciones de pacto entre Dios y el hombre ocurren en varias formas a lo largo de las Escrituras desde Génesis a Apocalipsis, un tratamiento de este tema puede aparecer en diferentes momentos en el estudio de la teología sistemática. Lo he intercalado aquí al final del tratamiento del hombre como ser *creado* (a imagen de Dios) y del hombre como *caído* en el pecado, pero antes del estudio de la persona y de la obra de Cristo, que es el siguiente volumen de esta Teología sistemática.

A. El pacto de obras

Algunos han cuestionado si es apropiado hablar del pacto de obras que Dios tenía con Adán y Eva en el huerto del Edén. En realidad la palabra pacto no aparece en los relatos del Génesis. Sin embargo, las partes esenciales del pacto están presentes: una definición clara de las partes involucradas, una serie de disposiciones legalmente vinculantes que estipulan las condiciones de las relaciones, la promesa de bendiciones por la obediencia y la condición para obtener esas bendiciones. Además, Oseas 6:7, al referirse a los pecados de Israel, dice: «Son *como Adán*: han quebrantado *el pacto*».[1] Este pasaje ve a Adán viviendo en una relación de pacto que había quebrantado en el huerto del Edén. Además, en Romanos 5:12-21 Pablo ve a Adán y a Cristo como cabezas de las personas que representan, algo que es completamente coherente con la idea de que Adán era parte de un pacto antes de la Caída.

En el huerto del Edén, parece que está bastante claro que había una serie de estipulaciones que vinculaban legalmente y definían las relaciones entre Dios y el hombre. Las dos *partes* aparecen con claridad cuando Dios habla con Adán y le da mandamientos. Los requerimientos de sus relaciones aparecen bien definidos con los mandamientos que Dios les da a Adán y Eva (Gn 1:28-30; cf. 2:15) y en el mandamiento directo a Adán: «Puedes comer de todos los árboles del jardín, pero del árbol del conocimiento del bien y del mal no deberás comer. El día que de él comas, ciertamente morirás» (Gn 2:16-17).

En esta declaración a Adán acerca del árbol del conocimiento del bien y del mal hay una promesa de castigo de la desobediencia: la muerte, que debemos entender de una forma amplia en el sentido de muerte física, espiritual y muerte eterna y separación de Dios.[2] En esta promesa de castigo por la desobediencia hay implícita una promesa de

---

[1] Algunas versiones en inglés traducen «Pero en Adán quebrantaron el pacto», pero la nota al margen admite que eso es una enmienda basada en conjeturas y que el texto hebreo en realidad dice «como Adán» (heb. *ke'adan*). La preposición hebrea *ke* significa «como», no «en». La palabra que traducimos como «Adán» (heb. *adam*) también se puede traducir como «*hombre*», pero la declaración entonces no tendría mucho sentido, pues no hay ni una sola transgresión bien conocida de un pacto por hombre al que podamos referirnos. Además, no ayudaría mucho comparar a los israelitas con lo que ellos ya son (esto es, hombres) y que «como hombres» quebrantaron el pacto. Una frase así casi implicaría que los israelitas no eran hombres, sino otra clase de criaturas. Por estas razones, se prefiere la traducción

«como Adán». (Una expresión hebrea idéntica se puede traducir «como Adán» en Job 31:33, como se indica al pie de la NVI.)

[2] El castigo de muerte empezó a cumplirse en el día que Adán y Eva pecaron, pero fue cumpliéndose lentamente a lo largo del tiempo, a medida que sus cuerpos envejecían y al final morían. La promesa de la muerte espiritual empezó a cumplirse inmediatamente, puesto que quedaron apartados del compañerismo con Dios. La muerte de condenación eterna era lo que les correspondía, pero las indicaciones de redención en el texto (vea Gn. 3:15, 21) sugieren que este castigo fue al final cancelado mediante la redención que Cristo compró.

bendición por la obediencia. Esta bendición consistiría en no recibir la muerte, y la implicación es que la bendición sería lo opuesto a la «muerte». Involucraría vida física sin fin y vida espiritual en términos de una relación con Dios que continuaría para siempre. La presencia del «árbol de la vida [...] en medio del jardín» (Gn 2:9) también era una promesa de vida eterna con Dios si Adán y Eva satisfacían las condiciones de aquel pacto de relación mediante una completa obediencia a Dios hasta que este decidiera que el tiempo de prueba había terminado. Después de la Caída, Dios echó a Adán y Eva del huerto, en parte para que no «extienda su mano y también tome del fruto del árbol de la vida, y lo coma y viva para siempre» (Gn 3:22).

Otra evidencia de que las relaciones de pacto con Dios incluían una promesa de vida eterna si Adán y Eva hubieran obedecido perfectamente es el hecho de que aun en el Nuevo Testamento Pablo habla como si la perfecta obediencia, si fuera posible, conduciría a la vida. Habla de que «el mismo mandamiento que debía haberme dado vida me llevó a la muerte» (Ro 7:10, literalmente, «mandamiento que era para vida») y. con el fin de demostrar que la ley no se basa en la fe, cita Levítico 18:5, que dice lo siguiente acerca de las estipulaciones de la ley: «Quien practique estas cosas vivirá por ellas» (Gá 3:12; cf. Ro 10:5).

Otros pactos en las Escrituras tienen generalmente una «señal» asociada con ellos (como la circuncisión, el bautismo y la Cena del Señor). Ninguna «señal» para el pacto de obras se designa claramente en Génesis como tal , pero si tuviéramos que mencionar una, sería probablemente el árbol de la vida en el medio del huerto. Si participaban de ese árbol, Adán y Eva habrían participado de la promesa de vida eterna que Dios daría. El fruto en sí no tenía propiedades mágicas, pero sería una señal mediante la cual Dios garantizaba externamente la realidad interna que ocurriría.

¿Por qué es importante decir que las relaciones entre Dios y el hombre en el huerto eran relaciones de pacto? El hacerlo así nos recuerda el hecho de que estas relaciones, incluyendo los mandamientos de obediencia y promesas de bendición por la obediencia, no eran algo que sucedía automáticamente en las relaciones entre el Creador y la criatura. Por ejemplo, Dios no hizo ninguna clase de pacto con los animales que creó.[3] Tampoco la naturaleza del hombre tal como Dios la creó demandaba que él tuviera algún tipo de compañerismo con el hombre ni que Dios hiciera alguna promesa que tuviera que ver con sus relaciones con el hombre o que le diera alguna dirección clara en lo concerniente a lo que él haría. Todo esto era una expresión del amor paternal de Dios por el hombre y la mujer que él había creado. Además, cuando especificamos estas relaciones como «pacto», podemos ver el claro paralelismo entre esta y las siguientes relaciones de pacto que Dios tuvo con su pueblo. Si todos los elementos de un pacto están presentes (estipulaciones claras de las partes involucradas, declaración de las condiciones del pacto y promesa de bendiciones o castigo por la desobediencia), no parece que haya razón por la que no debamos referirnos a estas como un pacto, porque eso era lo que en verdad eran.

Aunque el pacto que había antes de la Caída ha sido expresado mediante varios términos (tales como el pacto adánico o el pacto de la naturaleza), la designación más útil

---

[3] Sin embargo, los animales fueron incluidos con los seres humanos en el pacto que Dios le comunicó a Noé, prometiendo que nunca más destruiría la tierra con otro diluvio (Gn 9:8-17).

parece ser la de «pacto de obras», puesto que la participación en las bendiciones del pacto dependía claramente de la obediencia u «obras» de parte de Adán y Eva.

Como en todos los pactos que Dios hace con el hombre, no hay aquí negociaciones sobre las disposiciones. Dios impone soberanamente el pacto sobre Adán y Eva, y ellos no tienen ninguna posibilidad de cambiar los detalles. Lo único que pueden hacer es aceptarlo o rechazarlo.

¿Está todavía en vigor el pacto de obras? En varios sentidos importantes lo está. En primer lugar, Pablo implica que la obediencia perfecta a las leyes de Dios, si fuera posible, llevaría a la vida (vea Ro 7:10; 10:5; Gá 3:12). Debiéramos también notar que el castigo en este pacto todavía está en vigor, «porque la paga del pecado es muerte» (Ro 6:23). Esto implica que el pacto de obras todavía está en vigor para todo ser humano aparte de Cristo, aunque ningún ser humano pecador puede cumplir con sus estipulaciones y conseguir sus bendiciones. Por último debiéramos notar que Cristo obedeció perfectamente el pacto de obras por nosotros porque él no cometió ningún pecado (1 P 2:22), sino que obedeció a Dios en todo a nuestro favor (Ro 5:18-19).

Por otro lado, en varios sentidos, el pacto de obras no permanece en vigor: (1) ya no tenemos que lidiar con el mandamiento específico de no comer del árbol del conocimiento del bien y del mal. (2) Dado que todos tenemos una naturaleza pecaminosa (tanto los cristianos como los que no son cristianos), no estamos en condiciones de cumplir con las disposiciones del pacto de obras por nosotros mismos y recibir sus beneficios, pues al aplicarse directamente a las personas solo recibimos castigos. (3) Para los cristianos, Cristo ha cumplido satisfactoriamente las estipulaciones de este pacto de una vez y para siempre, y nosotros obtenemos sus beneficios no mediante una obediencia real de nuestra parte, sino confiando en los méritos de la obra de Cristo. En realidad, para los cristianos hoy pensar que estamos obligados a tratar de ganar el favor de Dios mediante la obediencia sería apartarse de la esperanza de la salvación. «Todos los que viven por las obras que demanda la ley, están bajo maldición [...] es evidente que por la ley nadie es justificado delante de Dios» (Gá 3:10-11). Los cristianos han quedado liberados del pacto de las obras por razón de la obra de Cristo y han sido incluidos en el nuevo pacto, el pacto de la gracia (vea más adelante).

B. El pacto de redención

Los teólogos hablan de otra clase de pacto, un pacto que no es entre Dios y el hombre, sino entre los miembros de la Trinidad. Es el que llaman el «pacto de redención». Este es un acuerdo entre el Padre, el Hijo y el Espíritu Santo, mediante el cual el Hijo está de acuerdo en hacerse hombre, ser nuestro representante, obedecer las demandas del pacto de obras en nuestro nombre y pagar el castigo del pecado que nosotros merecíamos. ¿Enseñan las Escrituras su existencia? Sí, porque habla de un plan y propósito específico de Dios en el que estuvieron de acuerdo el Padre, el Hijo y el Espíritu Santo a fin de ganar nuestra redención.

En cuanto al Padre, este «pacto de redención» incluía un acuerdo de dar al Hijo un pueblo que él redimiría para ser suyo (Jn 17:2, 6), enviar al Hijo para que fuera su representante (Jn 3:16; Ro 5:18-19), preparar un cuerpo para que el Hijo morara en él como hombre (Col 2:9; Heb 10:5), aceptarle como representante del pueblo que habría redimido (Heb 9:24), y darle a él toda autoridad en el cielo y en la tierra (Mt 28:18), incluyendo la autoridad de derramar el poder del Espíritu Santo y aplicar la redención a su pueblo (Hch 1:4; 2:23).

De parte del Hijo, estuvo de acuerdo en que vendría a este mundo como hombre y viviría como tal bajo la ley mosaica (Gá 4:4; Heb 2:14-18), y que se sometería en perfecta obediencia a todos los mandamientos del Padre (Heb 10:7-9), se humillaría a sí mismo y se haría obediente hasta la muerte en la cruz (Fil 2:8). El Hijo también estuvo de acuerdo en formar a un pueblo para sí mismo a fin de que ninguno de los que el Padre le iba a dar se perdiera (Jn 17:12).

El papel del Espíritu Santo en el pacto de redención a veces se pasa por alto en las reflexiones sobre el tema, pero sin duda era único y esencial. Estuvo de acuerdo en hacer la voluntad del Padre y llenar y facultar a Cristo para que llevara a cabo su ministerio en la tierra (Mt 3:16; Lc 4:1, 14, 18; Jn 3:34), y aplicar los beneficios de la obra redentora de Cristo a los creyentes después de que Cristo regresara al cielo (Jn 14:16-17, 26; Hch 1:8; 2:17-18, 33).

Refiriéndonos al acuerdo entre los miembros de la Trinidad como un «pacto», nos recuerda que fue algo emprendido voluntariamente por Dios, no algo en lo que tuviera que meterse por razón de su naturaleza. Sin embargo, este pacto es también diferente de los pactos entre Dios y el hombre porque las partes que participan lo hacen como iguales, mientras que en los pactos con el hombre, Dios es el Creador soberano que impone las estipulaciones por decreto propio. Por otro lado, es como los pactos que Dios hizo con el hombre en que contiene los elementos (especificando las partes, condiciones, y bendiciones prometidas) que conforman un pacto.

C. El pacto de gracia

1. Elementos esenciales. Cuando el hombre no obtuvo la bendición ofrecida en el pacto de obras, se hizo necesario que Dios estableciera otro medio, uno mediante el cual el hombre pudiera ser salvado. El resto de las Escrituras después del relato de la Caída en Génesis 3 es la narración de la acción de Dios en la historia para llevar a cabo el maravilloso plan de redención a fin de que las personas pecadoras pudieran entrar en compañerismo con él. Una vez más, Dios claramente define las disposiciones del pacto que especificarían las relaciones entre él y los que serían redimidos. En estas especificaciones encontramos algunas variaciones en detalle a lo largo del Antiguo y Nuevo Testamentos, pero los elementos esenciales de un pacto están todos allí, y la naturaleza de esos elementos esenciales permanece igual a lo largo del Antiguo y Nuevo Testamentos.

Las partes en este pacto de gracia son Dios y el pueblo que él redimiría. Pero en este caso Cristo cumple con un papel especial como «mediador» (Heb 8:6; 9:15; 12:24) en el cual cumple por nosotros las condiciones del pacto y de ese modo nos reconcilia con Dios. (No había mediador entre Dios y el hombre en el pacto de obras.)

La condición (o requerimiento) de la participación en el pacto es tener fe en la obra de redención de Cristo (Ro 1:17; et al.). Este requerimiento de fe en la obra redentora del

Mesías era también la condición para obtener las bendiciones del pacto del Antiguo Testamento, como Pablo lo demuestra claramente por medio de los ejemplos de Abraham y David (Ro 4:1-15). Ellos, como otros creyentes del Antiguo Testamento, alcanzaron salvación mirando hacia el futuro a la obra del Mesías que iba a venir y depositando su fe en él.[4]

Pero si bien la condición para *empezar* en el pacto de gracia es solo y siempre la fe en la obra de Cristo, la condición para *continuar* en el pacto se entiende que es la obediencia a los mandamientos de Dios. Aunque esta obediencia no sirve en el Antiguo Testamento ni en el Nuevo para ganar méritos con Dios, si nuestra fe en Cristo es genuina, producirá obediencia (vea Stg 2:17), y la obediencia a Cristo en el Nuevo Testamento se considera una evidencia necesaria de que somos verdaderos creyentes y miembros del nuevo pacto (vea 1 Jn 2:4-6). La *promesa* de bendiciones en el pacto era una promesa de vida eterna con Dios. Esa promesa aparece repetida con frecuencia a lo largo del Antiguo y Nuevo Testamentos. Dios prometió que él sería su Dios y ellos serían su pueblo. «Estableceré mi pacto contigo y con tu descendencia, como pacto perpetuo, por todas las generaciones. *Yo seré tu Dios,* y el Dios de tus descendientes» (Gn 17:7). «*Yo seré su Dios, y ellos serán mi pueblo*» (Jer 31:33). «Ellos serán mi pueblo, y yo seré su Dios [...] Haré con ellos un pacto eterno» (Jer 32:38-40; cf. Ez 34:30-31; 36:28; 37:26-27). Ese tema aparece también en el Nuevo Testamento: «Yo seré su Dios, y ellos serán mi pueblo» (2 Co 6:16; cf. un tema similar en los vv. 17-18; también 1 P 2:9-10). Al hablar del nuevo pacto, el autor de Hebreos cita Jeremías 31: «Yo seré su Dios, y ellos serán mi pueblo» (Heb 8:10). Esta bendición encuentra su cumplimiento en la iglesia, que es el pueblo de Dios, pero encuentra su mejor cumplimiento en el nuevo cielo y la nueva tierra, como lo ve Juan en su visión de la era venidera: «Oí una potente voz que provenía del trono y decía: "¡Aquí, entre los seres humanos, está la morada de Dios! Él acampará en medio de ellos, y *ellos serán su pueblo; Dios mismo estará con ellos y será su Dios"*» (Ap 21:3)

La *señal* de este pacto (el símbolo físico exterior de inclusión en el pacto) varía entre el Antiguo Testamento y el Nuevo. En el Antiguo, la señal exterior de comienzo de las relaciones de pacto era la circuncisión. La señal de continuación en las relaciones de pacto era la continua observancia de todas las fiestas y leyes ceremoniales que Dios le dio al pueblo en varios momentos de su historia. En el nuevo pacto la señal de comienzo de las relaciones de pacto es el bautismo, mientras que la señal de la continuación de las relaciones es la participación en la Cena del Señor.

A este pacto se le conoce como «pacto de gracia» porque está completamente basado en la «gracia» de Dios o el favor inmerecido hacia aquellos a quienes redime.

2. Varias formas del pacto. Aunque los elementos esenciales del pacto de gracia son los mismos a lo largo de la historia del pueblo de Dios, las disposiciones específicas del pacto varían de vez en cuando. En el tiempo de Adán y Eva, había solo una insinuación escueta de la posibilidad de tener relaciones con Dios que encontramos en la promesa acerca de

---

[4]Vea *Biblia*, pp. 99-100, para un estudio del hecho que los creyentes del Antiguo Testamento fueron salvados solo por su fe y confianza en el Mesías que iba a venir.

la simiente de la mujer en Génesis 3:15 y en la anterior y amorosa provisión de Dios de ropas para Adán y Eva (Gn 3:21). El pacto que Dios hizo con Noé después del diluvio (Gn 9:8-17) no era un pacto que prometiera todas las bendiciones de la vida eterna y la comunión con Dios, sino solo uno en el que Dios prometía a toda la humanidad y al reino animal que la tierra no volvería a ser destruida por un diluvio. En este sentido, el pacto con Noé, aunque ciertamente depende de la gracia de Dios o del favor inmerecido, parece ser bastante diferente en cuanto a las partes involucradas (Dios y toda la humanidad, no solo los redimidos), la condición mencionada (no se requiere ni fe ni obediencia de parte del hombre), y la bendición que se promete (que la tierra no sería destruida de nuevo por el diluvio es sin duda una promesa diferente de la de vida eterna). La señal del pacto (el arco iris) es también diferente en que no requiere una participación activa o voluntaria de parte del hombre.

Pero empezando con el pacto con Abraham (Gn 15:1-21; 17:1-27), los elementos esenciales del pacto de gracia están todos presentes. En realidad, Pablo puede decir que «la Escritura [...] anunció de antemano el evangelio a Abraham» (Gá 3:8). Además, Lucas nos dice que Zacarías, el padre de Juan el Bautista, profetizó que la llegada de Juan el Bautista para preparar el camino del Cristo era el comienzo de la actividad de Dios para cumplir las antiguas promesas a Abraham («para mostrar misericordia a nuestros padres al *acordarse de su santo pacto*. Así lo juró a Abraham nuestro padre», Lc 1:72-73). De modo que las promesas del pacto con Abraham permanecían en vigor aun cuando habían quedado cumplidas en Cristo (vea Ro 4:1-25; Gá.3:6-18, 29; Heb 2:16; 6:13-20).[5]

¿Qué es entonces el «antiguo pacto» en contraste con el «nuevo pacto» en Cristo? No es el todo del *Antiguo Testamento*, porque el pacto con Abraham y David nunca son llamados «antiguos» en el Nuevo Testamento. Más bien, *solo al pacto bajo Moisés*, el pacto que se hizo en el monte Sinaí (Éx 19–24) se le llama el «antiguo pacto» (2 Co 3:14; cf. Heb 8:6, 13), que iba a ser sustituido por el «nuevo pacto» en Cristo (Lc 22:20; 1 Co 11:25; 2 Co 3:6; Heb 8:8, 13; 9:15; 12:24). El pacto mosaico era la aplicación[6] de detalladas leyes escritas puestas en vigor por un tiempo para restringir los pecados de las personas y para ser una guía que nos llevara a Cristo. Pablo dice: «Entonces, ¿cuál era el propósito de la ley? Fue añadida por causa de las transgresiones hasta que viniera la descendencia a la cual se hizo la promesa» (Gá 3:19), «así que la ley vino a ser nuestro guía encargado de conducirnos a Cristo» (Gá 3:24).

No debiéramos suponer que no hubo gracia para las personas desde Moisés hasta Cristo, porque la promesa de salvación por la fe que Dios había hecho a Abraham permanecía en vigor:

Ahora bien, las promesas se le hicieron a Abraham y a su descendencia [...] *La ley*, que vino cuatrocientos treinta años después, *no anula el pacto que Dios había*

---

[5]Las promesas del pacto con Abraham fueron renovadas y Dios dio aun más seguridades cuando habló con David (vea esp. 2 S 7:5-16; cf. Jer 33:19-22), y le hizo la promesa de que un rey del linaje de David reinaría sobre el pueblo de Dios para siempre. Para un estudio excelente de la continuidad de las promesas de Dios en los pactos de Dios con Abraham y David, y en el nuevo pacto, vea la obra de Thomas E. McComiskey, *The Covenants*

of Promise: A Theology of the Old Testaments Covenants (Baker, Grand Rapids, 1985), esp. pp. 59-93.

[6]Para un estudio excelente de la diferencia entre el amplio pacto de la promesa y los varios «pactos administrativos» que Dios usó en diferentes momentos, vea McComiskey, *Covenants of Promise*, esp. pp. 139-77 y 193-211.

ratificado previamente; de haber sido así, quedaría sin efecto la promesa. Si la herencia se basa en la ley, ya no se basa en la promesa; pero Dios se la concedió gratuitamente a Abraham mediante una promesa. (Gá 3:16-18)

Además, aunque el sistema de sacrificios del pacto mosaico no quitaba en realidad el pecado (Heb 10:1-4), sí prefiguraba que Cristo, el perfecto sumo sacerdote que era también el sacrificio perfecto, cargaría con nuestros pecados (Heb 9:11-28). Sin embargo, el pacto mosaico por sí mismo, con todas sus leyes detalladas, no podía salvar a las personas. No es que las leyes fueran en sí malas, porque las había dado un Dios santo, pero carecían de poder para dar a las personas una vida nueva, y las personas no podían obedecerlas perfectamente: «¿Estará la ley en contra de las promesas de Dios? ¡De ninguna manera! Si se hubiera promulgado una ley capaz de dar vida, entonces sí que la justicia se basaría en la ley» (Gá 3:21). Pablo se da cuenta de que el Espíritu Santo que actúa dentro de nosotros puede capacitarnos para obedecer a Dios en una manera que la ley mosaica nunca podría, porque él dice que Dios «nos ha capacitado para ser servidores de un nuevo pacto, no el de la letra sino el del Espíritu; porque la letra mata, pero el Espíritu da vida» (2 Co 3:6). El nuevo pacto en Cristo es, entonces, mucho mejor porque cumple las promesas hechas en Jeremías 31:31-34, como aparece citado en Hebreos 8:

Pero el servicio sacerdotal que Jesús ha recibido es superior al de ellos, así como el pacto del cual es mediador es superior al antiguo, puesto que se basa en mejores promesas. Efectivamente, si ese primer pacto hubiera sido perfecto, no habría lugar para un segundo pacto.

Pero Dios, reprochándoles sus defectos, dijo:
«Llegará el tiempo —dice el Señor—, en que haré un nuevo pacto con la casa de Israel y con la casa de Judá.
No será como el pacto que hice con sus antepasados el día en que los tomé de la mano para sacarlos de Egipto, porque ellos no permanecieron fieles a mi pacto, y yo los abandoné, dice el Señor.
Por tanto, este es el pacto que después de aquellos días estableceré con la casa de Israel, dice el Señor:
Pondré mis leyes en su mente y las escribiré en su corazón.
Yo seré su Dios, y ellos serán mi pueblo.
Ya nadie enseñará a su prójimo, ni nadie enseñará a su hermano ni le dirá: "¡Conoce al Señor!"
Porque todos, desde el más pequeño hasta el más grande, me conocerán.
Yo les perdonaré sus iniquidades, y nunca más me acordaré de sus pecados.»

Al llamar «nuevo» a ese pacto, ha declarado obsoleto al anterior; y lo que se vuelve obsoleto y envejece ya está por desaparecer. (Heb 8:6-13).

En este nuevo pacto hay bendiciones muy superiores, porque Jesús el Mesías ha venido; ha vivido, ha muerto y ha resucitado entre nosotros, y ha expiado de una vez y para siempre todo nuestros pecados (Heb 9:24-28); nos ha revelado a Dios de una manera más completa (Jn 1:14; Heb 1:1-3); ha derramado el Espíritu Santo sobre su pueblo con el poder del nuevo pacto (Hch 1:8; 1 Co 12:13; 2 Co 3:4-18); ha escrito sus leyes en nuestros corazones (Heb 8:10). Este nuevo pacto es el «pacto eterno» (Heb 13:20) en Cristo, por medio del cual tendremos comunión eterna con Dios, y él será nuestro Dios, y nosotros seremos su pueblo.

PREGUNTAS DE APLICACIÓN PERSONAL

1. Antes de leer este capítulo, ¿había pensado usted en sus relaciones con Dios en términos de un «pacto»? ¿Le da un grado mayor de certidumbre o un sentido de seguridad en sus relaciones con Dios el saber que él gobierna las relaciones mediante una serie de promesas que nunca cambiarán?

2. Si usted fuera a pensar en las relaciones personales entre Dios y usted en términos de un pacto, en el que usted y Dios son las únicas partes involucradas, ¿cuáles serían entonces las condiciones de este pacto entre Dios y usted? ¿Está usted ahora cumpliendo esas condiciones? ¿Qué papel tiene Cristo en esas relaciones de pacto entre usted y Dios? ¿Cuáles son las bendiciones que Dios promete si usted cumple con esas condiciones? ¿Cuáles son las señales de la participación en este pacto? ¿Le lleva este entendimiento del pacto a aumentar su aprecio por el bautismo y la Cena del Señor?

TÉRMINOS ESPECIALES

antiguo pacto	pacto de gracia
nuevo pacto	pacto de obras
pacto	pacto de redención

BIBLIOGRAFÍA

Archer, G. L. «Covenant». En *EDT* pp. 276–78.

Collins, G. N. M. «Federal Theology». En EDT pp. 413–14.

Dumbrell, W. J. *Covenant and Creation.* Thomas Nelson, Nashville, 1984.

Fuller, Daniel P. *Gospel and Law: Contrast or Continuum? The Hermeneutics of Dispensationalism and Covenant Theology.* Eerdmans, Grand Rapids, 1980.

Jocz, Jakob. *The Covenant: A Theology of Human Destiny.* Eerdmans, Grand Rapids, 1968.

Kaiser, Walter C., Jr. *Toward An Old Testament Theology.* Zondervan, Grand Rapids, 1978.

Martens, Elmer. *God's Design: A Focus on Old Testament Theology.* Baker, Grand Rapids, 1981.

McComiskey, Thomas E. *The Covenants of Promise: A Theology of the Old Testament Covenants*. Baker, Grand Rapids, 1985.

Murray, John. *Covenant of Grace*. Tyndale, London, 1954.

Osterhaven, M. E. «Covenant Theology». En *EDT* pp. 279–80.

Pentecost, J. Dwight. *Thy Kingdom Come*. Scripture Press, Wheaton, Ill., 1990.

Peters, G. N. H. *The Theocratic Kingdom*. 3 vols. Funk and Wagnalls, New York, 1952 (primera publicación en 1884).

Rayburn, R. S. «Covenant, The New». En *EDT* pp. 278–79.

Robertson, O. Palmer. *The Christ of the Covenants*. Baker, Grand Rapids, 1980.

Ryrie, C. C. *Dispensationalism Today*. Moody, Chicago, 1965.

VanGemeren, Willem. *The Progress of Redemption*. Zondervan, Grand Rapids, 1988.

PASAJE BÍBLICO PARA MEMORIZAR

Hebreos 8:10: *Éste es el pacto que después de aquel tiempo haré con la casa de Israel —dice el Señor—: Pondré mis leyes en su mente y las escribiré en su corazón. Yo seré su Dios, y ellos serán mi pueblo.*

HIMNO

«Cuando andemos con Dios»

Este himno nos recuerda que el disfrutar de las bendiciones de Dios depende de que continuamente reunamos las condiciones de fe y obediencia según se estipula en el Nuevo Testamento, que es el registro escrito de las provisiones del nuevo pacto que Dios ha hecho con nosotros.

Cuando andemos con Dios, escuchando su voz,
Nuestra senda florida será;
Si acatamos su ley Él será nuestro Rey,
Y con Él reinaremos allá.

Obedecer, cumple a nuestro deber;
Si queréis ser felices, debéis obedecer.
Cuando Cristo murió nuestro llanto enjugó,
Proclamarle debemos doquier;
Gozarás del amor de tu Rey y Señor,
Si obediente le entregas tu ser.

No podremos probar sus delicias sin par,
Si seguimos mundano el placer;
Obtendremos su amor y el divino favor,
Si sus leyes queremos hacer.

AUTOR: JAMES H. SAMMIS; TRAD. PEDRO GRADO,
(TOMADO DE HIMNOS DE FE Y ALABANZA, # 216)

Nos agradaría recibir noticias suyas.
Por favor, envíe sus comentarios sobre este libro
a la dirección que aparece a continuación.
Muchas gracias.

Editorial Vida
Vida@zondervan.com
www.editorialvida.com

Printed in the USA
CPSIA information can be obtained
at www.ICGtesting.com
LVHW061325210724
785408LV00003B/13

9 780829 764949